DELICIOUS JAPANESE

味の日本語

あじのにほんご

김원호 지음

UUP.

味の日本語

- 2013년 2월 20일 인쇄 2013년 2월 25일 발행
- **지은이** 김원호
- **펴낸이** 이 철
- **펴낸곳** UUP.(울산대학교출판부) 680-749 울산광역시 남구 대학로 93(무거동) 울산대학교 출판부
- **전화** (052)259-2488 **팩스** (052)277-3011
- **홈페이지** http://uup.ulsan.ac.kr
- **출판등록** 제370-1996-000001호(1996.3.13.)
- ₩ 12,000

ISBN 978.89.7868.296.1 (93730)

머리말

그 옛날, 대학시절 어느 교수님으로부터 수강했던 과목의 교재로 사용한『일본어판 리다스 다이제스트(월간)』가 있다.

어느 날 갑자기 그 속에 재미있던 내용들이 생각나, 1983년 서울 청계천 고서점가를 이리저리 배회하며 수집하러 다녔던 기억이 생생히 난다. 나는 그것을 지금 연구실 구석에 시리즈로 보관하여 남기고 있는데 늘 좋은 보석으로 생각하고 있다.

이제 그 잡지 속의 재미있었던 테마 중에서, 지금으로서는 시사성은 적지만 흥미로우면서도 명문장(名文章)으로 생각되는 것을 여기에 모아 보았다. 그것을 잘 분석해 보면, 한 문장 한 문장 속에 들어있는 일본어 어휘나 표현력이 다른 테마보다 한층 우수하다고 생각되는 것들이다. 그러나 집필자의 대부분이 영문으로 된 저본(底本)을 일역(日訳)한 것이 단점이기는 하지만, 그것은 일본어다운 문장이면서 세련된 문장임에는 틀림없다.

일본어로 된 문장을 쉽게 이해할 수 있는 단계에 이르려면, 상당한 시간이 소요되는 것은 말할 필요도 없다. 영어학습과 마찬가지로 오랜 기간 연마해야 하는 언어이다. 일본어는 처음 배울 때는 쉽다고 하지만 배우면 배울수록 점점 어려워지는 외국어이다.

일본어 문장에는「히라가나」「가타가나」그리고「한자」가 섞여 있어서,「가나」와「한자」만 알면 쉽게 독해할 수 있다고 하지만 그렇지 않다. 더욱이 한일 양국어가 너무나 닮아서 쉽게 번역할 수 있다고 생각하는데 그것 또한 잘못 번역하기 쉽다. 그래서 수많은 일본어 정보(情報)들이 한국어로 이전(移転)되는 과정에서 엉뚱한 의미로 변질되어 사용되고 있는 것을 자주 본다. 그렇기 때문에, 보다 정확하고 올바른 번역이 절실히 요구되고 있는 것이다. 그러기 위해서는 양언어의 언어학적인 특성을 올바르게 파악하고 거기에 따르는 표현의 차이 등을 확실히 이해해야 할 것이다.

본서는, 6개월 이상 배운 자를 대상으로 하여 주석을 달아 상세히 설명하였다. 각 제시어 마다 다양한 예문들이 많이 나열되어 있고 상세하게 설명되어 있어, 혼자서도 쉽게 공부할 수 있게끔 편리하게 꾸며 놓았다. 일본의 인터넷 사이트와 여러 가지 일본어 사전 등을 이용, 독특한 예문을 채록하여 학습자에게 가려운 부분을 시원하게 긁어주는 텍스트로 제작해 보았다.

그래서 서명은 이미 발간된『日本語名文選註解』(Ⅰ) (Ⅱ)에 계속되는 것이지만 새로운 느낌이 나는『味の日本語』로 명명하였다. 우리들이 즐겨 마시는 '커피'는, 언제 어디에서 처음으로 마시게 되었는지, 커피에 얽힌 흥미로운 이야기를 올려놓았다. 뿐만 아니라 연인들이 좋아하는 달콤한 '초콜릿' 에 관한 이야기, '오카시(양과자)' 에 관련된 일본 장인의 일대기 등을 일본어문장을 통하여 재미있게 읽어 볼 수 있다. 젊은이들이 좋아하는, 이 세 가지 이야기에 대해서 상세하게 분석해 보았다.

본서를 강좌의 테스트로 사용하는 것도, 앞의 이유도 있겠지만 다이제스트 일본어판으로 외국어를 공부하였던 필자가, 그 당시 학생의 입장에서 배웠던 방법으로 우리 학생들에게 가르치고 싶었기 때문이다. 그리고 본서는, 독해용 교재로 제작된 것이지만 때로는 회화용으로 사용되어도 좋을 것이다. 나아가 본서로 공부함으로써 일본어 어휘 및 번역연습에 큰 도움이 될 것으로 생각되며, '각종시험'에도 대비할 수 있는 훌륭한 어학서가 될 것으로 확신한다.

마지막으로 본서가 발간되기까지 「魯魚, 亥豕の誤り」를 선별해 준 수요번역 SEMINAR 멤버들에게 고마움을 전하고 싶다. 그리고 출판부 스태프진에게도 고마움을 표하고 싶다. 여러분들의 무궁한 건투를 기원한다.

2013년 2월 10일

저 자

일러두기

Ⅰ. 본서는, 3장으로 나누어져 있으며, 매 장을 몇 개의 단원으로 나누었다. 매 단원은 「본문」「한자의 読み方」「중요어구」로 구성하였다. 「부록」에는 〔본문의 한글번역〕〔색인〕이 첨부되어 있다.

1. 「본문」 : 해석상 중요한 단어나 보충설명이 필요한 사항은, 「주석번호」를 하나하나 달아두었고 「중요어구」에서 상세히 설명해 두었다. 한자의 「読み方」나 전반적인 번역은 가능한 한 학습자 스스로 사전을 하나하나 찾아보면서 이해하도록 하는 것이 바람직하다.

   예) かぐわしい[1)]霊薬[2)]コーヒー 〔1장 제목〕

2. 「한자의 読み方」 : 혼자서 공부하기 쉽게, 본문의 순서대로 「読み方」를 따로 달아 두었고 의미도 풀이해 두었다. 「일본어를 6개월 이상 배운 학습자」를 기준으로 보아 쉽다고 판단되는 기초적인 단어는 대상에서 제외했다.

   예) 砂漠(さばく) : 사막　帆船(はんせん) : 돛단배

3. 「중요어구」 :

A. 본문의 <주석번호> 순서대로, 중요한 어휘와 중요한 어구를 상세하게 설명해 두었다. 가능한 한 이해하기 쉽도록 적당한 예문을 보충하였다. 또한 예문의 <한자>에도 최대한 가나를 달아 두었다. 더욱이 그 예문이 어디에서 인용되었는지 출전(出典)이 필요할 경우에는, 문말에 명기하여 이해에 도움을 주었다.

예) 旅(たび)する : 여행하다 〔= travel〕

▸広く旅する人は物知(ものし)りである。〔서양속담〕

널리 여행하는 자는 박식하다.

예) 知(し)らず知(し)らずに : 부지불식간에, 자기도 모르게.

▸知らず知らずに聴(き)かれているあなたの秘密(ひみつ)。

부지불식간에 도청 당하는 당신의 비밀.

B. 그리고 제시어와 관련 있는 어휘가 있을 경우, <cf>란을 두어 최대한 도움설명을 해두었다.

예) わざわざ : 일부러.

▸ あなたに会うためにわざわざ来たのではありません。近所(きんじょ)まで来たついでによってみたのです。

당신을 만나기 위해 일부러 온 것은 아닙니다. 근처까지 온 김에 들려 본 것입니다.

cf)「わざと」: 고의로, 일부러 〔=「わざわざ」보다 악의적이고 자기 이익을 생각함; intentionally〕

▶ だれかがわざとやったのか、こんな所におもちゃのへびが置いてある。
누군가 일부러 했는지 이런 곳에 장난감 뱀을 놓아두었다.

C. 제시어의 표기는, 먼저 한자를 표기하고 후리가나를 달아두었다. 경우에 따라서는, 그 한자로 자주 사용되고 있지 않을 경우에는 후리가나를 먼저 표기하고 나중에 한자를 표기해 두었다.

예) 真剣(しんけん)だ　うなず(頷)く　はた(傍)

D. <중요어구> 의 의미파악을 위하여, 간단히「영어풀이」도 보충해 두었다.

예) えらい(偉い·豪い) : 훌륭하다, 대단하다, 굉장하다
［=すぐれた、賞賛(しょうさん)すべきだ、ひどい。great, admirable, awful］

4. 「본문의 한글번역」 : 한국어 번역은「부록」란에 있으며 최대한 <직역>해 두었다. 단, 경우에 따라 문맥이 자연스럽지 않을 때는 <의역>으로 해 두었다.

5. 「색인」 : 마지막 부분에는, 「색인」란을 두어 「일본어」 「한국어」 별로 그 어휘·어구를 찾아보기 쉽도록 해두었다. 본서를 편리하게 활용하기 위해서는 필수적인 코너다.

Ⅱ. 본서에서 사용되는 일본어의 <품사>는, 편의상 다음과 같이 <약어>로 표시하기로 한다.

* <품사> 의 약어

N : 명사

V : 동사

5단 : 5단활용동사	上1 : 上1단활용동사
下1 : 下1단활용동사	カ변 : カ행변격동사
サ변 : サ행변격동사	후항v : 후항(後項)동사
自 : 자동사	他 : 타동사

A : 형용사 (일명 イ형용사)

Av : 형용동사 (일명 ナ형용사)

助v : 조동사	부 : 부사
접 : 접속사	접미 : 접미어
연어 : 연어형	연체 : 연체사

목 차

第3章「菓子」作り世界一　パリのムッシュー・タテマツ

부 록

第1章 かぐわしい[1]霊薬[2]「コーヒ」

わたしは濃い[3]茶色の愛しき[4]もの
わたしのいのちはカップの中に

- ママイ[5] - (ダマスカス[6]の詩人、1535年ごろの作)

ポール・ランダ、ジョン・マンダビール

1-1

炒り[7]立て[8]のコーヒーのかおりを抜きにして[9]、イスラムの世界を想像することはできない。商談も一杯のコーヒーを抜きにしては成立しないだろう。コーヒーを炒るかおりと、炒った豆をすりつぶす[10]乳棒の音は、砂漠の夜のささやき[11]であり、かおりなのである。だが、コーヒーが中東の人々によって飲まれるようになったのは比較的新しいことなのだ。

《はねまわる[12]ヤギ》 コーヒーについての記録は、

10世紀ごろの文献に見える。だが、そもそもコーヒーという言葉の起源をめぐって[13)]さえも諸説ふんぷん[14)]としているのだ。古代アラビア[15)]語で赤黒い色をしたある種のワインを意味したと言われる「カフワ」という言葉、その「カフワ」がトルコにはいって「カフヴェ」となまり[16)]、それが今の「コーヒー」になったのだという説もある。しかし、また、コーヒーがエチオピアの高地、特にカーファーという町の付近に自生していたという話も事実なのである。

だが言葉の起源はどうであれ[17)]、コーヒーがエチオピア[18)]からイエメン[19)]にもたらされた[20)]というのはほぼ事実のようである。伝説によると、イエメンのシェイフ・アッ・シャーディリーがあるときエチオピアを旅し[21)]ていると、ある山の斜面で一群[22)]のヤギがえらく[23)]元気にはね回っているのに気がついた[24)]。不思議に思って見ていると、ヤギたちは見たこともない草の実を食べているのだ。シェイフもためし[25)]に食べてみたが、とてもにがい[26)]。そこで実を煮立て[27)]その汁を飲んでみた。— 人類最初のコーヒーというわけである。

おそらくそれは大変な味の代物[28)]だったに違いないが、われらがシェイフは不思議にも頭がさえて[29)]きたのだった。そこで彼は若木を何本かイエメンに持ち帰った[30)]というわけである。不思議な特性を持ったこの新しい飲み物は大いに売れた。特に気のつく人がいて、豆を炒ってから飲めばずっと味がよくなる、とわかってからはなおさら[31]だった。

しかし、コーヒーを飲むというこの新しい風習に対して、まもなく、保守的なイスラムの神学者たちから反対の声が起こり始めた。この新しい飲み物をなんと分類したらいいのだろう。興奮性飲料であることはあきらかだ。もしそれがワインのようなアルコール飲料なら、そしてまた、飲んだ人が身をもちくずす[32]ような飲み物であれば[33]、イスラム教の戒律に従って禁止しなければならない。この問題は、イスラム教の聖地、メッカ[34]とメディナ[35]にコーヒーが持ち込まれる[36]にいたって表面化した。この二つの聖都には、西暦1500年を迎えるころには、音楽と西洋すごろく[37]を備えたコーヒー・ハウスが林立する[38]ようになり、夜おそくまで耳ざわりな[39]笑い声やタンバリン[40]を打ち鳴らす[41]音がひびいて、町の人々から苦情[42]が出るようになったからだ。

한자의 読み方

霊薬(れいやく) : 영약, 신기한 효험이 있는 약
濃(こ)い : 짙다, 진하다
詩人(しじん) : 시인
炒(い)り立(た)て : 갓 볶음
抜(ぬ)く : 뽑다, 빼내다
想像(そうぞう) : 상상
商談(しょうだん) : 상담
乳棒(にゅうぼう) : 막자(가루약을 가는 사기 방망이)
砂漠(さばく) : 사막
比較的(ひかくてき) : 비교적
文献(ぶんけん) : 문헌
起源(きげん) : 기원
諸説(しょせつ) : 제설, 여러가지 설
高地(こうち) : 고지
付近(ふきん) : 부근, 근처
自生(じせい) : 자생
事実(じじつ) : 사실, 참말로
伝説(でんせつ) : 전설
旅(たび)する : 여행하다
斜面(しゃめん) : 경사면
一群(いちぐん) : 한 무리
不思議(ふしぎ)だ : 이상하다
実(み) : 열매
汁(しる) : 즙, 국물
煮立(にた)てる : 펄펄 끓이다, 푹 삶다
人類最初(じんるい—さいしょ) : 인류최초
大変(たいへん)だ : 대단하다, 큰일이다
代物(しろもの) : 평가의 대상이 되는 물건이나 사람
若木(わかぎ) : 어린나무
何本(なんぼん) : 몇 개
特性(とくせい) : 특성
大(おお)いに : 대단히, 매우, 많이
風習(ふうしゅう) : 풍습
保守的(ほしゅてき)だ : 보수적이다
神学者(しんがくしゃ) : 신학자
分類(ぶんるい) : 분류
興奮性飲料(こうふんせい—いんりょう) : 흥분성음료
戒律(かいりつ) : 계율
禁止(きんし) : 금지
聖地(せいち) : 성지
表面化(ひょうめんか) : 표면화
聖都(せいと) : 신성한 도시
西暦(せいれき) : 서력, 서기
迎(むか)える : 맞이하다
備(そな)える : 갖추다
林立(りんりつ)する : (많은 것이) 숲을 이루어 서 있음

笑(わら)い声(ごえ) : 웃음소리　　苦情(くじょう) : 불평
打(う)ち鳴(な)らす : (악기따위를) 쳐서 울리다

중요어구

1 かぐわしい(馨しい、芳しい、香しい) : 향기롭다, (비유적으로) 아름답다, 아리땁다 [= よいにおいがする、香りがよい、かんばしい、こうばしい、心が引(ひ)かれる、好(この)ましい、すばらしい]

▶ かぐわしい花の香(かお)りが漂(ただよ)う。

향기로운 꽃향기가 감돈다.

▶ みかんの皮(かわ)をむくと、かぐわしい香(かお)りがしてきます。

귤껍질을 벗기면 향기로운 냄새가 납니다.

▶ あなたとの最初の邂逅(かいこう)が、こんなにも、海を、月を、夜を、かぐわしくさせたとしか思われません。[田中英光、オリンポスの果実]

당신과의 첫 해후가 이렇게 바다, 달, 밤을 아름답게 했어요.

2 霊薬(れいやく) : 영약, 신기한 효험이 있는 약 [= 不思議な効(き)き目がある薬、神薬(しんやく)]

▶ 家伝(かでん)の霊薬。

집안 대대로 내려오는 영약.

▸ 霊薬とは、飲食すれば不老不死(ふろうふし)となるといわれた宗教上の薬である。

영약이란, 먹으면 불로불사가 된다고 한 종교상의 약이다.

▸ 世界屈指の実力をもつ考古学(こうこがく)研究機関、古代図書館が発表した論文により霊薬の効果が実証(じっしょう)された。

세계 굴지의 실력을 가진 고고학 연구기관, 고대 도서관이 발표한 논문에 의해 영약의 효과가 입증되었다.

3 濃(こ)い : 짙다, 진하다 [= においや味などが強い、度合(どあ)いが強い]

▸ 濃い霧(きり)が晴れて視界(しや)がひろびろと開けた。

짙은 안개가 걷히니 시야가 활짝 트였다.

▸ コーヒーは濃いめがよろしいかしら、それとも薄(うす)いほうがお好きですか。

커피는 약간 진한 것이 좋을까요? 아니면 연한 것을 좋아하는지요?

▸ 実は、客室乗務員は化粧を濃くすることをマニュアルで規定している会社が多いのだそうです。 一体何故でしょう? [客室乗務員の化粧が濃い理由]

실은, 객실승무원은 화장을 진하게 하는 것을 매뉴얼로 규정하고 있는 회사가 많다고 합니다. 대체 왜일까요?

4 愛(いと)しき : 귀여운, 사랑스러운 [=「~き」는「~い」의 文語, 연체형]

cf) 愛(いと)しい : 귀엽다, 사랑스럽다 (= かわいく思うさま、かわいそうだ)

▸ いとしいわが娘。

귀여운 우리 딸.

▸ 彼女は子供をいとしく思っている。

그녀는 아이를 귀여워하고 있다.

▸ どんな人にも、愛しく思ってくれる人がいる。寛(くつろ)げる場所があって、ホッと出来るひとときがある。

어느 누구에게나 사랑스럽게 생각해 주는 사람이 있다. 여유로이 쉴 수 있는 곳이 있고, 마음이 놓이는 한 때도 있다.

5 ママイ(= mamai) : 시리아 다마스쿠스의 시인(= ダマスカスの詩人)

6 ダマスカス(= Damascus) : 시리아 아랍 공화국의 수도. 시리아 사막 서단의 오아시스 도시로, 고대부터 동서 교통의 요지. 661～750년, 이슬람 제국의 우마이야조(사라센 제국 제1期의 왕조)의 수도. 현존 하는 세계 최고의 도시의 하나. 견직물, 금, 은, 세공 등 전통적인 수공업이 영위된다. 1979년, 세계문화유산에 등록 되었다 [= シリア-アラブ共和国の 首都。 シリア砂漠西端のオアシス都市で、 古代から東西交通の要地。 661～750年、 イスラム帝国ウマイヤ朝の首都として繁栄。 現存する世界最古の都市の一。 絹織物(きぬおりもの)·金銀細工(きんぎんさいく)など伝統的な手工業(しゅこうぎょう)が営(いとな)まれる。1979年、世界文化遺産に登録された]

7 炒(い)る : (5단) 볶다 [= roast]

▶ ゴマを炒るにおいが香(こう)ばしい。

참깨를 볶는 냄새가 고소하다.

▶ 炒った豆から芽(め)が出ようか。

볶은 콩에서 싹이 날까.

8 ~立(た)てのN : 갓 ~한 N

▶ 炒り立ての銀杏(ぎんなん)は美味(おいし)かった。

갓 볶은 은행은 맛있었다.

▶ 大学卒業(そつぎょう)したての青年(せいねん)

대학을 갓 졸업한 청년.

▶ 発送当日の炒り立ての甘栗(あまぐり)だけをお届(とど)けします。

발송 당일의 갓 볶은 단밤만을 보내 드립니다.

▶ 焼き立てのパンはとてもおいしい。

막 구운 빵은 매우 맛있다.

cf) ~立(た)てる : (후항v) 갓 ~하다, 막 ~하다

▶ いくらなんでも、父兄(ふけい)方から先生を呼立てるわけにもいくまい。

아무리 그렇지만 학부형쪽에서 선생님을 오라 가라 해서는 안 될 것이다.

9 ~を抜(ぬ)きにして~(でき)ない : ~을 빼고서 ~하지 못하다

▶ 現実的に言えば、どこの大きな国でも、商人というものを抜きにしては、考えられないのである。

현실적으로 말하면, 어떤 큰 나라에서도, 상인이라는 것을 빼고서는, 생각할 수 없는 것이다.

▶ この議案(ぎあん)は我々人類(じんるい)が一体どこへ向かおうとしているのか、という問題を抜きにしては考えられません。

이 안건은 우리 인류가 도대체 어디로 향하여 가는가 라는 문제를 빼고서는 생각할 수 없습니다.

10 磨(す)り潰(つぶ)す：갈아 부수다, 갈아 으깨다 [= すって細かく砕(くだ)く、すって原形(げんけい)をなくする]

▶ じゃがいもをすりつぶしてお昼(ひる)を用意(ようい)します。

감자를 갈아 으깨서 점심을 준비합니다.

▶ お酒とたばこで体を磨り潰す。

술과 담배로 몸을 망가뜨리다.

▶ コーヒーミルとは、コーヒー豆を磨り潰すことができる家庭用の機械。カフェやコーヒーショップなどで使用されている業務用のものになるとグラインダーなどと名称が変わったりしますね。

커피 분쇄기란, 원두커피를 갈아 부술 수 있는 가정용 기계. 카페나 커피 숍 등에서 사용되고 있는 업무용이 되면 그라인더 등으로 명칭이 바뀌기도 하지요.

11 ささやく(私語く、囁く) : 속삭이다, 소곤거리다 (= 小さな声で話す、ひそひそと話す)

- 彼は彼女の耳に何かをささやいた。

  그는 그녀의 귀에 대고 무슨 말을 속삭였다.

- 「じゃあ、あなたはどう思う」と彼女はかすれた声でささやいた。

  「그럼, 당신은 어떻게 생각해?」라고 그녀는 쉰 목소리로 속삭였다.

- 彼女は何か恐(おそ)ろしいことに出会ったように震(ふる)える声でささやいた。

  그녀는 뭔가 무서운 것을 본 것처럼 떨리는 목소리로 속삭였다.

12 跳(は)ね回(まわ)る : 여기저기 뛰어다니다, 뛰어 돌아다니다 [= ぴょんぴょんととび歩く、跳ねてとびまわる。jump about, romp about]

- 子供がはしゃいで家の中を跳ね回る。

  아이가 신이 나서 집안을 마구 뛰어 다니다.

- まるでゴムボールのように部屋の中を跳ね回るねこ。

  마치 고무공처럼 방안을 이리저리 날 뛰는 고양이.

13 めぐる(巡る、回る、廻る) : 돌다, 회전하다, 여기저기 들르다.
[= 周囲(しゅい)をまわる、ある事柄(ことがら)を中心としてそのことに関連する]

▸ 金の出所(でどころ)を巡るうわさ。

돈의 출처를 둘러싼 소문.

▸ 誤審(ごしん)かどうかをめぐってもめる。

오심이다 아니다를 둘러싸고 옥신각신하다.

▸ 少年(しょうねん)は、幼(おさな)い時からこのあたりの野山(のやま)を獣(けもの)のように駆(か)け巡って大きくなった。

소년은 어릴 때부터 이 근처 야산을 짐승처럼 뛰어다니며 자랐다.

▸ 市庁舎(しちょうしゃ)の建設工事(けんせつこうじ)をめぐって業者(ぎょうしゃ)の間(あいだ)で札束(さつたば)が乱(みだ)れ飛(と)んだらしい。

시청사의 건설공사를 둘러싸고 업자들간에 돈뭉치가 난무한 것 같다.

14 諸説紛々(しょせつふんぷん) : 제설분분, 여러 가지 설이 분분함 [= いろいろな説やうわさが入(い)り乱(みだ)れて真相(しんそう)が明らかでないさま]

▸ その問題に関しては、さまざまな噂や推測があり、諸説紛々としていた。

그 문제에 관해서는 다양한 소문이나 추측이 있어 여러 가지 설이 분분했다.

▶ テニスと言うスポーツの起源(きげん)については諸説紛々ありますが、現在有力(ゆうりょく)とされている説をご紹介します。
테니스라는 스포츠의 기원에 대해서는 여러 설이 분분하지만, 현재 유력시 되고 있는 설을 소개하겠습니다.

---

15 アラビア(= Arabia) : 아시아 대륙 남서부, 페르시아만·아라비아해·홍해에 둘러싸인 세계 최대의 반도. 대부분은 사막 지대. 석유 매장량이 풍부하다 [=アジア大陸南西部(なんせいぶ)、ペルシア湾・アラビア海・紅海に囲まれた世界最大の半島。大部分は砂漠地帯。石油埋蔵量(まいぞうりょう)が豊富だ]

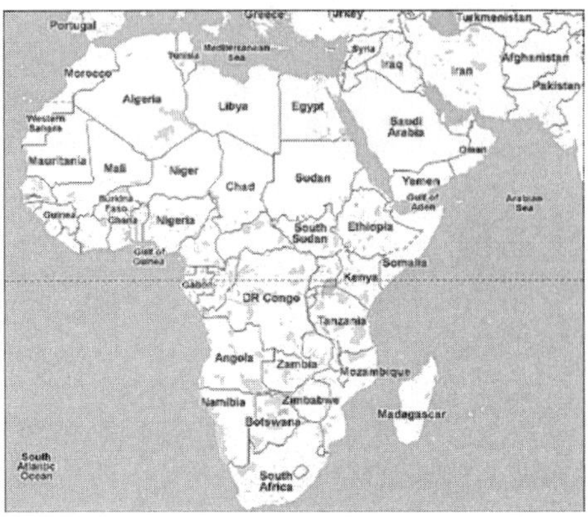

[그림-1]

---

16 訛(なま)る : 사투리로 말하다, 어느 지방 특유의 발음을 하다 [=ある地方特有の発音をする、標準語・共通語とは異なった発音をする]

▸ あわてるといつもなまって九州弁(きゅうしゅうべん)が出る。

당황하면 언제나 지방 특유의 큐슈사투리가 나온다.

▸ 彼はあらゆる種類のなまりを真似(まね)したり、ジョークを飛(と)ばす。

그는 여러 지역의 사투리를 구사하고 재담도 잘 한다.

17 どうであれ : 이러하나, 저러하나, 이러나저러나 [= ああであれこうであれ、とにもかくにも(とにかく의 강조)]

▸ 試験の結果はどうであれ後悔(こうかい)しないようにがんばりたい。

시험의 결과는 어떻든 후회하지 않도록 노력하고 싶다.

▸ どうであれ、済(す)んだことだから忘れるしかない。

어찌됐든 끝난 일이니 잊을 수밖에 없다.

18 エチオピア(= Ethiopia) : 에티오피아, 아프리카 동부에 있는 국가, 수도는 아디스아바, 인구는 약 4천2백만 명 [= アフリカ北東部の独立国。首都アジスアベア。国土の大部分は高原地帯で、ナイル川水源をなす。コーヒーの栽培や牧畜(ぼくちく)が盛んだ]

19 イエメン(= Yemen) : 예멘, 아라비아 반도 남쪽 끝에 있는 공화국, 수도는 사나, 인구는약95만명 [=アラビア半島南部の共和国。首都サヌア。宗教はイスラム教。コーヒー・綿花(めんか)・皮革品(ひかくひん)などを産出]

20 もたらす(齎す) : 가져오다, 초래하다, 야기하다

▶ 勝利は、もっとも忍耐強(にんたいにんたいづよ)い人にもたらされる。[ナポレオン·ボナパルト]

승리는 무엇보다 가장 끈기 있는 자에게 돌아간다.

▶ 年をとることによってもたらされる忍耐力と知恵。

노년에서 오는 인내와 지혜.

▶ 賢明な判断は経験によってもたらされる。

현명한 판단은 경험에서 나온다.

cf) もたらす : 가져오다, 초래하다, 야기하다

▶ 冬は健康に悪影響(あくえいきょう)をもたらす。

겨울은 건강에 악영향을 미친다.

▶ 飢餓(きが)は体に生化学的変化をもたらす。

기아는 체내에 생화학적 변화를 일으킨다.

▶ 科学技術の発達は我々の生活に大きな影響(えいきょう)をもたらした。

과학기술의 발달은 우리 생활에 큰 영향을 끼쳤다.

21 旅(たび)する : 여행하다 (= travel, trip, take a trip)

▶ 環境(かんきょう)問題を考えながら旅するのは欧米(おうべい)ではエコツアーと呼(よ)ばれている。

환경문제를 생각하면서 여행하는 것을 구미에선 '에코투어'라고 부르고 있다.

▸ 暇ができたら、昔の友人に会ったり、各地の風物(ふうぶつ)を訪ねて旅をしたい。

여유가 생기면 옛날 친구를 만나거나, 각지의 풍물을 찾아 여행하고 싶다.

22 一群(いちぐん) : 일군, 한 무리

▸ 草原(そうげん)を行(い)く羊(ひつじ)の一群。

초원을 지나가는 양 떼들.

▸ かたすみにかたまっている一群の人々(ひとびと)。

한쪽 구석에 모여 있는 한 무리의 사람들.

▸ 一群の俳優たちはジャンヌダルクの劇のリハーサルを行っている。

한 무리의 배우들은 잔 다르크 연극의 예행연습을 하고 있다.

23 えらい(偉い·豪い) : 훌륭하다, 위대하다, 장하다, 지위가 높다, 대단하다, 굉장하다 [= すぐれた、賞賛(しょうさん)すべき、ひどい。great, admirable, awful]

▸ 将来(しょうらい)えらくなる。

장차 훌륭한 사람이 된다.

▸ 彼は学者として偉かった。

그는 학자로서 위대했다.

▸ 親(おや)に小遣(こづか)いをあげるなんて偉い。

부모에게 용돈을 드린다니 갸륵하다.

▶ 会社の偉い人。

회사의 높은 분.

▶ 偉い寒(さむ)さ。

대단한 추위.

24 気(き)がつく : 정신이 나다(들다), 눈치 채다

▶ 順序(じゅんじょ)をあやまったことに気がつく。

순서를 그르친 것을 깨닫다.

▶ 彼の行動には風変(ふうが)わりな様子があることに多分気がつくだろう。

그의 행동에 별난 구석이 있다는 걸 아마 눈치 챌 것이다.

▶ 順序(じゅんじょ)の狂(くる)いに気がつかなかった。

순서가 뒤바뀐 것을 알아차리지 못했다.

25 試(ため)す : 시험하여 보다 [= 試験する、やってみる。test, have a try]

▶ 機械がうまく動くかどうか試してみた。

기계가 잘 움직이는지 아닌지 시험해 보았다.

▶ 知恵(ちえ)の有(あ)る無(な)しを試す。

지혜의 유무를 시험하다.

▶ 才能(さいのう)の程(ほど)を試す。

재능의 정도를 시험하다.

26 苦(にが)い : 쓰다, 쓰라리다 [= 苦味(にがみ)がある、つらい]

▶ 良薬(りょうやく)は口ににがい。

좋은 약은 입에 쓰다.

▶ 甘(あま)い・苦い・からい・すっぱいなどの味(あじ)を感(かん)じ分(わ)けるのが舌(した)の役目(やくめ)です。

단맛, 쓴맛, 짠맛, 신맛 등을 구분해서 느끼는 것이 혀의 역할입니다.

▶ 苦い目(め)に逢(あ)う。

쓰라린 변을 당하다

▶ これは、 自分の過去の苦い経験を未来に生かすというようなことを表すことわざである。

이것은, 자신의 쓰라린 과거 경험을 미래에 활용한다는 그러한 것을 나타내는 속담이다.

27 煮立(にた)てる : 펄펄 끓이다, 푹 삶다 [= 十分に煮(に)え立(た)たせる、煮立(にた)たす]

▶ 湯(ゆ)をぐらぐらと煮立てる。

물을 펄펄 끓이다.

▶ なべで湯を煮立てる。

냄비에 물을 끓이다.

▸ あまり<u>煮立る</u>と香(かおり)が無(な)くなる。

너무 푹 삶으면 향기가 없어진다.

▸ <u>煮立て</u>るとは、 水や煮汁(にじる)を入れた鍋を強火(つよび)、もしくは中火(ちゅうび)にかけて、上面が泡立(あわだ)つ程度にグラグラと沸騰(ふっとう)させることを言います。

푹 삶는다는 것은, 물이나 끓인 국물을 넣은 냄비를 센 불, 혹은 중불에 올려 놓고, 표면이 거품이 일 정도로 부글부글 끓이는 것을 말합니다.

---

28 代物(しろもの) : (속) 어떤 평가의 대상이 되는 사람이나 물건, 그 가치를 인정하거나 비꼬아 하는 말. [= 人や物を、 価値を認めたり、 あるいは卑(いや)しめたり皮肉(ひにく)ったりするなど、評価をまじえていう語]

▸ あれは博物館行きの<u>代物</u>、なぜベストな製品を使わないのか。

그것은 박물관에나 갈 낡은 물건, 왜 좋은 제품을 사용하지 않는가?

▸ あの男はなかなかの<u>代物</u>だ。

저 남자는 꽤 치사한 놈이지.

▸ あれで懲(こ)りないなんて、大した<u>代物</u>だ。

그 정도로 질리지 않다니 대단한 사람이네.

---

29 頭(あたま)が冴(さ)える : 머리가 맑아지다, 눈이 말똥말똥 하다

▶ 頭が冴え冴え(さえざえ)としてきた。

머리가 유난히 맑아지기 시작했다.

▶ 僕は、どうも数年前から頭の意識があまり冴えないような気がする。

나는, 아무래도 몇 년 전부터 머리 상태가 그다지 맑지 않는 기분이 든다.

30 持(も)ち帰(かえ)る : 가지고 돌아가다 [= 持って帰る。carry(bring, take) back]

▶ 私は家庭に仕事を持ち帰らない主義です。

나는 집으로 일을 가지고 돌아가지 않는 주의입니다.

▶ 他人の物を断(ことわ)りなしに使ったりあげくのはてに持ち帰ったりまったく手癖(てくせ)の悪い男だった。

남의 물건을 양해를 구하지 않고 사용하거나 나중에는 결국, 갖고 가버리는 손버릇 나쁜 놈이었다.

31 なおさら(尚更) : 더욱더, 더한층 [= 物事の程度が前よりいっそう進むさま、ますます、いちだんと。all the more, still less]

▶ 風(かぜ)がないのでなおさら暑(あつ)く感(か)んじる。

바람이 없어서 더욱 덥게 느껴진다.

▶ あの絵えもうまいが、これがなおさらよい。

저 그림도 잘 그렸지만 이 그림은 더욱 잘 그렸다.

▶ 金を使ってしまったのは悪いが、うそをついてごまかすのはなおさら悪い。

돈을 사용해 버린 것은 나쁘지만, 거짓말하여 속이는 것은 더 더욱 나쁘다.

32 身(み)を持(も)ち崩(くず)す : 신세를 망치다, 타락하다, 방탕에 빠지다 [= 品行(ひんこう)が悪くだらしのない生活をするようになる、持(も)ち下(さ)げる。ruin one's life]

▶ 酒と博打(ばくち)で身を持ち崩す。

술과 도박으로 신세를 망치다.

▶ 日本には親子三代身を持ち崩すという言葉があるが、北朝鮮もいよいよ最後のステージに入ったようだ。

일본에는 부모자식 삼대가 몸을 망친다는 말이 있지만, 북한도 드디어 마지막 단계에 들어간 것 같다.

33 ～であれば : ～이면, ～라고 한다면

▶ 裕福(ゆうふく)をであればあるほど慈善(じぜん)への寄付(きふ)が増えるという考えは間違(まちが)っている。

부유한 사람이면 일수록 자선 기부를 많이 한다는 생각은 잘못이다.

▶ 必要であればレントゲンと血液検査(けつえきけんさ)も診断(しんだん)に使われるだろう。

필요하다면 엑스레이와 혈액검사도 진단에 사용될 것이다.

34 メッカ(= Mecca) : 사우디아라비아의 옛 수도, 마호메트 (이슬람교의 창시자)의 출생지로서 회교의 성지, 어떤 분야의 중심지로서 많은 사람들이 모여 들거나, 동경의 대상이 되거나 하는 곳, 발상지 [= サウジアラビアの昔の首都。マホメットの出生地(しゅっしょう ち)として回教(かいきょう)の聖地、ある物事の中心地としてそれに関係する多くの人が集まったりあこがれたりする場所]

▶ 映画のメッカハリウッド。

영화의 발상지 하리우드.

▶ 学問(がくもん)のメッカ。

학문의 메카.

▶ オリンピックのメッカギリシャ。

올림픽의 발상지 그리스.

[그림-2]

35 メディナ(= Medina) : 아라비아 반도의 도시로, 메카의 뒤를 잇는 제2의 성지. 초기 이슬람 공동체의 수도로서 기능함. 마디나라고도 함 [= アラビア半島の都市で、メッカに次(つ)ぐイスラームの第2の聖地、初期のイスラーム共同体(きょうどうたい)の首都として機能した。マディーナともいう]

36 持(も)ち込(こ)む : 갖고 들어오다, 반입하다 [= 物を持って中にはいる、運(はこ)び入(い)れる]

▸ 危険物は持ち込まないでください。
위험물은 갖고 들어오지 마십시오.

37 すごろく(双六) : 쌍륙, 두 개의 주사위의 끗수에 따라 나무 조각의 말을 사용하여 승부를 겨루는 놀이 [= 二人が盤(ばん)を隔(へだ)てて向かい合って座り、交互(こうご)にさいを振って、出た目の数によって盤上(ばんじょう)の駒(こま)を進め、早く相手の陣に全部入れたものを勝ちとする遊び。インドに起こり、日本には奈良時代に中国から伝来(でんらい). 판 위에 흑백 15개씩의 駒(こま-나무 조각의 말)을 두고, 두 개의 주사위를 통에 넣어 흔들어 굴린다. 굴려서 나온 주사위의 눈의 숫자에 의해 말을 전진시켜 빨리 적진에 도착한 쪽이 우승한다. 중고시대 이래 도박으로써 행해졌던 때가 많았다. 江戸말기에는 쇠퇴됨]

[그림-3] すごろく

38 林立(りんりつ)する : (많은 것이) 숲을 이루어 서 있다

[= 林のように、たくさんのものが並び立つ]

▶ 高層の建物が林立する中心街。

고층건물이 숲을 이루고 있는 중심가.

▶ 煙突(えんとつ)がりんりつする工業地帯(こうぎょうちたい)

굴뚝이 숲처럼 솟아 있는 공업 지대.

▶ 特に東京には超高層ビルが林立しており、震災(しんさい)に対する脆弱性(ぜいじゃくせい)も明らかになった。

특히 도쿄에는 초고층빌딩이 밀집해 있어, 지진재해에 대한 취약성도 밝혀졌다.

▶ 当局が60年間ダム建設を大々的(だいだいてき)に推進した結果、各地に廃棄(はいき)ダムが林立しています。

당국이 60년간 댐건설을 대대적으로 추진한 결과, 각지에 폐기댐이 숲을 이루고 있습니다.

39 耳障(みみざわ)りだ : 귀에 거슬리다 [= 聞いて気にさわったり、不快に感じたりする]

▶ 隣(となり)のテレビがみみざわりだ。
옆집 TV 소리가 귀에 거슬린다.

40 タンバリン(= tambourine) : 탬버린 [= 胴(どう)に小さなシンバルを付けた極めて浅い小型の片面太鼓(たいこ)]

41 打(う)ち鳴(な)らす : (악기 따위를) 쳐서 울리다 [= たたいて鳴らす]

▶ このように梵鐘(ぼんしょう)は、時(とき)を知らせたり儀式(ぎしき)の合図(あいず)に大きい鐘である。
이와 같이 범종은, 때를 알리거나 의식의 신호로 쳐서 울리는 큰 종이다.

42 苦情(くじょう) : 불평, 불만, 푸념, 고충 [= 他から害(がい)や不利益(ふりえき)などをこうむっていることに対する不平(ふへい)、不満(ふまん)]

▶ ドライバーからの主な苦情は運転免許証(めんきょしょう)発行の手数料(てすうりょう)値上(ねあ)げです。

운전자들의 주요 불만은 운전 면허증의 발행 수수료 인상입니다.

▶ 多くの訪問客(ほうもんきゃく)が、彼の行儀(ぎょうぎ)の悪さや尊大(そんだい)な態度に<u>苦情</u>を言った。

많은 방문객들이 그의 무례함과 거만한 태도에 불평했다.

1-2

《コーヒー裁判》 1511年5月28日の金曜日、メッカの軍人総督ハイル・ベイ[43]は晩の祈りを終えて帰宅するところだった[44]。イスラム教の聖なる[45]黒石を祭ってあるカーバ神殿[46]のまわりの広場を進んでゆくと、急に大きな笑い声が聞こえた。見ると15人ほどの一団があかあかと[47]燃える火鉢[48]を囲んでしゃがんで[49]いるのだった。ハイルは、警備隊長を引き連れる[50]と大また[51]で男たちのところへ近づいていった。そこには町の駐屯兵の一団が車座[52]にしゃがんで、火鉢にかけた容器の中の飲み物を一つの茶碗で回し飲みして[53]いるのだった。

「お前たちは一体なにを飲んでいるのか」と彼はたずねた。

「はい閣下、これはコーヒーというものであります[54]。……まったく無害のものであります」と、軍曹が「気をつけ」の姿勢で答えた。

「無害だと?」総督はどなった。「お前たちはカーバ神殿のまん前で、服務規定を忘れて浮かれて[55]いるではないか! そんな飲み物が無害であるとはなにごとか。隊長、この者ども[56]を50回ずつむち打て[57]!」

翌朝はやく、総督は、イスラムの四大法学派を代表するメッカの4人の大法官を自分の宮殿に呼び集めた。そのときちょうどメッカを訪れていた、シリア[58]とエジプト[59]の十一人の法官と法学者も集まるように命令された。こうして集まった専門家たちに、ハイル・ベイは問題を提起したのだ。「コーヒーを適法とみなすべきか[60]、それとも違法とみなすべきか」

この諮問[61]に対し、権威たちは七日間白熱の討議を重ね、メッカの一流の医師たちからも証言を集めて、コーヒーを公の場所または仲間と一緒に飲むことを禁止すべきであるという勧告を総督に提出した。こうしてその日のうちにコーヒー禁止令が発令され、市内のコーヒー・ハウスはすべて閉鎖され、店主たちは拘引されて[62]しまった。また、コーヒーを売っていた店も在庫をすべて没収されてしまった。

しかしこの措置は長続きしなかった。カイロ[63]にいたスルタン[64](国王)が総督のこの決定に不満で、総督に布告を取消す[65]よう命じたからである。こうしてコーヒーはますます人気のある飲み物になり、エジプトとアラビア[66]がトルコ[67]帝国に併呑された[68]1517年、ついに[69]トルコ人の賞味する[70]ところとなった。そして1554年、スレイマン一世(トルコ帝国第十代スルタン)の時代に、アレッポ[71]とダマスカス[72]からやってきた二人の商人の手で、コンスタンチノープル[73]にトルコ初[74]のコーヒー・ハウスが開かれた。コーヒー・ハウスはその後続々と[75]誕生した。コーヒーは大変な人気を呼び、詩人、作家、大学教授、学者、役人などのインテリ[76]をひきつける[77]ところとなり、コーヒー・ハウスは一種のアカデミーのような観を呈する[78]にいたった。

한자의 読み方

裁判(さいばん) : 재판　帰宅(きたく)する : 귀가하다
軍人総督(ぐんじん-そうとく) : 군인 총독
聖(せい)なる : 성스러운, 거룩한　黒石(くろいし) : 흑돌, 검은 돌
祭(まつ)る : 신으로 받들어 모시다, 제사지내다
神殿(しんでん) : 신전　一団(いちだん) : 한 무리, 한 떼
燃(も)える : 타다, 피어오르다　火鉢(ひばち) : 화로
囲(かこ)む : 둘러싸다, 에워싸다
警備隊長(けいび-たいちょう) : 경비대장
引(ひ)き連(つ)れる : 인솔하다, 거느리다
駐屯兵(ちゅうとんへい) : 주둔병　車座(くるまざ) : 빙 둘러 앉음
容器(ようき) : 용기, 그릇　茶碗(ちゃわん) : 찻잔, 밥공기
回(まわ)し飲(の)む : 돌려 마시다　閣下(かっか) : 각하
無害(むがい) : 무해
軍曹(ぐんそう) : 하사관 계급의 하나(구 일본 육군, 한국의 중사)
姿勢(しせい) : 자세　服務規定(ふくむ-きてい) : 복무규정
浮(う)かれる : (마음이) 들뜨다

むち打(う)つ : 채찍을 가하다, 격려하다
翌朝(よくあさ) : 다음날 아침
四大法学派(しだいほうがくは) : 4대 법학파
大法官(だいほうかん) : 대법관
宮殿(きゅうでん) : 궁전
呼(よ)び集(あつ)める : 불러 모으다
訪(おとず)れる : 방문하다
法学者(ほうがくしゃ) : 율법학자
提起(ていき) : 제기
適法(てきほう) : 적법
違法(いほう) : 위법
詰問(きつもん)する : 힐문하다, 나무라고 따지다
権威(けんい) : 권위
七日間(なのかかん) : 칠일동안
白熱(はくねつ) : 백렬, 몹시 뜨거워짐
討議(とうぎ) : 토의
重(かさ)ねる : 겹치다
証言(しょうげん) : 증언
仲間(なかま) : 동료
禁止(きんし) : 금지
勧告(かんこく) : 권고
提出(ていしゅつ) : 제출
禁止令(きんしれい) : 금지령
発令(はつれい) : 발령
閉鎖(へいさ) : 폐쇄
店主(てんしゅ) : 점주
拘引(こういん) : 구인
在庫(ざいこ) : 재고
没収(ぼっしゅう) : 몰수
措置(そち) : 조치
長続(ながつづ)きする : 오래 계속되다
国王(こくおう) : 국왕
決定(けってい) : 결정
不満(ふまん) : 불만
布告(ふこく) : 부고
取消(とりけ)す : 취소하다
命(めい)じる : 명하다
帝国(ていこく) : 제국
併呑(へいどん) : 합병
賞味(しょうみ) : 음미하면서 먹음
一世(いっせい) : 일생
商人(しょうにん) : 상인
トルコ初(はつ) : 터키 최초
続々(ぞくぞく)と : 잇달아
役人(やくにん) : 관리, 공무원
一種(いっしゅ) : 일종
呈(てい)する : 나타내다, 드러내다
観(かん) : 양상(사물을 외부에서 본 느낌)

중요어구

43 ハイル·ベイ(= Khair Bey) : 커피 금지령을 발령한 메카의 군인총독 [= コーヒー禁止令(きんしれい)を発令したメッカの軍人総督]

44 ～ところだ : ～하려는 참이다 [= 현재를 중심으로 한 비교적 짧은 시간을 가리킴. ちょうどその時だ]

▶ ちょうど電話をしようと思っていたところだ。

막 전화하려던 참이다.

▶ 火(ひ)を消(け)したのでよかったものの、大変(たいへん)なことになるところだった。

불을 껐기에 망정이지 큰일 날 뻔했다.

▶ どなりつけてやりたいところだったが、人前(ひとまえ)なので苦笑(にがわら)いして立(た)ち去(さ)った。

호통을 치려고 했지만, 사람들 앞이었기 때문에 쓴웃음을 지으며 잠자코 물러갔다.

45 聖(せい)なる : 거룩한, 깨끗한 [= 神聖(しんせい)な、神々こうごう)しい。文語 형용동사「聖なり」の연체형]

▶ 祭りの時は、ろうそくを祝福(しゅくふく)して聖なる水を振(ふ)りかける。

축제 때는 촛불에 축복하고 성수를 뿌린다.

▶ 最後(さいご)は聖なるガンジスのほとりで死(し)にたいという多くの老人が全国からやってくる。

마지막에는 성스러운 갠지스 강가에서 죽고 싶다며 많은 노인이 전국에서 모여든다.

▶ カリフォルニア州(しゅう)のインディアンの人々(ひとびと)にとってフクロウは聖なるものである。

캘리포니아주의 인디언들에게 올빼미는 성스러운 존재이다.

46 カーバ神殿(= Ka'ba しんでん) : 카바신전 [= 사우디아라비아의 메카에 있는 예배당의 중심부에 있는 건조물. 이슬람교에 있어서는 최고의 성지. メッカのマスジド·ハラームの中心部にある建造物でイスラーム教における最高の聖地とみなされている聖殿(せいでん)。 カアバ神殿とも呼ばれる]

[그림-4]

47 あかあかと : 새빨갛게, 이글이글 [= 真(ま)っ赤(か)に、かんかん。flaming red]

▸ 夕日(ゆうひ)が赤々とさす。

석양이 새빨갛게 비치다.

▸ 遊(あそ)びに熱中(ねっちゅう)したちびの顔があかあかとほてる。

놀이에 열중한 꼬마의 얼굴이 빨갛게 달아올랐다.

▸ 若者(わかもの)のひとみは将来(しょうらい)への情熱(じょうねつ)であかあかと燃(も)え上(あ)がった。

젊은이의 눈동자는 장래에 대한 정열로 이글이글 타올랐다.

48 火鉢(ひばち) : 화로 [= 火炉(かろ)、灰(はい)を入れ、中に炭火(すみび)をおこして暖房(たんぼう)や湯沸(ゆわ)かしなどに 用いる道具]

▸ 火鉢に手(て)をかざす。

화로에 손을 쬐다.

▸ かんかんと起(おこ)った炭火(すみび)を火鉢に移(うつ)す。

활활 피어오른 숯불을 화로에 옮기다.

▸ 清(きよ)は火鉢で乾(かわ)かして、これでいいでしょうとだした。

[夏目、坊っちゃん]

키요는 화로에 말리고서 이러면 됐지요 하며 내밀었다.

49 しゃがむ : 웅크리다, 쭈그리다, 쪼그리다 [= 屈(かが)む、蹲(うずくま)る。squat down, crouch down]

▸ しゃがんですみれをよく見た。

웅크려 앉아 제비꽃을 자세히 보았다.

▸ 彼女はため息(いき)をつくと四(よ)つ辻(つじ)のそばにしゃがみこんだ。

그녀가 한숨을 내쉬며 네거리 옆에 쭈그려 앉았다.

▸ しゃがんだ姿勢(しせい)になって子犬(こいぬ)をひざにかき抱(だ)いた。

웅크린 자세로 강아지를 무릎에 올려 껴안았다.

50 引(ひ)き連(つ)れる : 거느리다, 데리고 가다, 인솔하다 [= 連れて行く、つれ立って行く、従(したが)えて行く。lead, carry]

▸ 雌鳥(めんどり)がひよこ3羽(さんば)を引き連れている。

암탉이 병아리 세 마리를 거느리고 있다.

▸ 彼は無理(むり)やりに彼女(かのじょ)を引き連れていった。

그는 강제로 그녀를 데리고 갔다.

▸ 4人(よにん)の分遣隊(ぶんけんたい)を引き連れた軍曹(ぐんそう)が見えてきた。

4명의 선발대를 인솔한 하사관이 나타났다. .

51 大股(おおまた) : 가랑이를 크게 벌림, 보폭이 넓음, 황새 걸음 [= 両足(りょうあし)を広く開(ひら)くこと、歩幅(ほはば)の広いこと ↔ 小股(こまた)、大足(おおあし)、つかつかと(성큼성큼), big steps, long strides]

- フォームは普通に歩く感じだけど、できるだけ大股で歩くことにした。[ウォーキングは大股で]

  폼은 보통으로 걷는 느낌이지만, 가능한한 황새걸음으로 걷기로 했다.

- バックを手にとって、巨人(きょじん)は森(もり)の奥深(おくぶか)く大またに歩き去(さ)った。

  가방을 집어 들고는 거인은 깊은 숲 속으로 성큼성큼 떠나 버렸다.

52 車座(くるまざ) : 빙(둥그렇게) 둘러 앉음 [= 輪座(りんざ)、円座(えんざ)、多くの人々が輪(わ)のように内側(うちがわ)を向いて並んで座ること。sit in a circle]

- 桜(さくら)のしたで車座になってお酒を飲む。

  벚꽃 아래에 빙 둘러 앉아 술을 마시다.

- 青(あお)ざめた顔を中心に家中(うちじゅう)のものが車座に集まり、なにか頻(しき)りと喋(しゃべ)り合(あ)っていた。

  새파랗게 질린 얼굴을 한 사람의 주위를 집안사람들이 빙 둘러 앉아 뭔가를 이야기하고 있었다.

53 回(まわ)し飲(の)みする : 돌려가며 마시다 [= 飲み回す、一つの器(うつわ)を順(じゅん)に回して飲む]

▶ 友だちと一本(いっぽん)の缶(かん)ビールを回し飲みした。
친구와 한 개의 캔 맥주를 돌려가며 마셨다.
▶ まだ陽(ひ)のカンカン射(さ)している下で一升瓶(いっしょうびん)の回し飲みをしていた。
아직도 햇볕이 쨍쨍 내리 쬐는 밑에서 됫병을 돌려가며 마시고 있었다.

54 ～であります : ～입니다 [=「である」의 공손어]

▶ 実(みの)り多(おお)き1年の幕開(まくあ)けでありますように。
실적 많은 1년이 시작되기를.
▶ 下(くだ)さった芳情(ほうじょう)に対して厚(あつ)くお礼(れい)申(もう)し上げる次第(しだい)であります。
베풀어 주신 친절한 마음에 깊이 감사드리는 바입니다.

55 浮(う)かれる : 들뜨다, 신이 나다 [= 浮き立つ, 陽気(ようき)に騒(さわ)ぐ、楽しくなって心がうきうきする、おもしろさに心を奪(うば)われる。be in high spirits, make merry]

▶ 酒が回(まわ)るとみんな浮かれる。

술이 오르면 모두 마음이 들떠 신이 난다.

▶ 春風(はるかぜ)に浮かれてとても心地好(ここちよ)かった。

봄바람에 기분이 들떠 매우 기분 좋았다.

▶ 冬休みを前にして学生たちの心は浮かれていた。

겨울방학을 앞두고 학생들의 마음은 들떠 있었다.

56 ～ども：(접미) ～들 (복수, 1인칭에 접속하여 겸양표현)

▶ すべて私どもの責任(せきにん)です。

전부 저희들의 책임입니다.

▶ 男どもは広い芝地(しばち)を刈(か)って種(たね)をまいた。

남자들은 넓은 잔디밭의 잔디를 깎고 씨를 뿌렸다.

▶ 私どもは数多(かずおお)くのお祝(いわ)いの手紙を受(う)け取(と)った。

우리들은 많은 축하의 편지를 받았다.

57 鞭打(むちう)つ：채찍질하다, 질타하다 [= 鞭(むち)で打つ、鞭を当てる、励(はげ)ましふるいたたせる。whip, encourage]

▶ 馬(うま)にむちうつ。

말에 채찍을 가하다.

▶ パンを盗(ぬす)んだ男は、むち打ち10回(かい)の刑(けい)に判決(はんけつ)した。

빵을 훔친 남자는 채찍으로 10번 내려치기로 판결을 내렸다.

▶ 彼は、裁判所(さいばんしょ)に引(ひ)きずり出(だ)され、むち打ちの刑(けい)を言(い)い渡(わた)される。

그는 재판소에 끌려가서 태형을 언도받는다.

▶ 怠(なま)け心(ごころ)にむち打って一所懸命(いっしょけんめい)に仕事(しごと)をする。

게으른 마음을 채찍질하여 열심히 일하다.

---

58 シリア(= Syria) : 시리아 [= 西アジアの共和国。首都ダマスカス(= Damascus)。国土の南部がシリア砂漠。1944年にフランスから独立。1958年、エジプトと統合しアラブ連合共和国を形成したが、1961年離脱(りだつ)。正式名称はシリアアラブ共和国。人口2,220万(2010)、서아시아의 지중해연안에 있는 공화국, 수도는 다마스쿠스]

---

59 エジプト(= Egypt) : 이집트 [= アフリカ北東部の共和国。首都カイロ(Cairo)。スエズ湾岸(わんがん)などから石油も産する。古代文明の発祥地(はっしょうち)で、ピラミッドなどの遺跡(いせき)が多い。1971年エジプトアラブ共和国に改称。人口8,047万(2010)、아프리카 북동부 나일강 유역 중심부에 있는 공화국, 수도는 카이로]

---

60 ～べき : (당연히 그렇게) ～해야 할, ～하는 것이 적절한(「べし」의 연체형)

▶ この件(けん)についての責任(せきにん)はすべて幹部(かんぶ)が取(と)るべきだ。

이 건에 대한 책임은 모두 간부가 져야 한다.

▶ この問題についてどう対応すべきか、専門家の方々の大所高所(たいしょこうしょ)からの意見をうかがいたいと思います。

이 문제에 대해서 어떻게 대응해야만 하는지, 전문가 여러분의 넓은 안목에서 의견을 묻고 싶습니다.

▶ 私たちは、自分が何者(なにもの)であるか、どんな人間として生きるべきかを、他者(たしゃ)との触(ふ)れ合(あ)いを通じて学んでいく。

우리들은, 자신이 누구인지 어떤 사람으로서 살아가야할지를, 타인과의 만남을 통해 배워 간다.

---

61 詰問(きつもん) : 힐문, 나무라고 따지는 것 [= 詰(なじ)ること、相手を責(せ)めて厳しく問(と)いただすこと。cross-examine, question closey]

▶ 先生から学校に遅(おく)れた理由を詰問された。

선생님에게 학교에 늦은 이유를 추궁 당했다.

▶ 警察(けいさつ)は一晩中(ひとばんじゅう)殺人(さつじん)の容疑者(ようぎしゃ)を詰問した。

경찰은 밤새도록 살인 용의자를 힐문했다.

▶ 問題を起(お)こした役人(やくにん)の免職(めんしょく)の理由を詰問する。

문제를 일으킨 공무원의 면직 이유를 나무라고 따지다.

62 拘引(こういん)する : 구인하다, 체포해 연행하다 [= 人を捕らえて無理に連れていく。arrest]

▶ 重役(じゅうやく)や代議士(だいぎし)の拘引されるのを痛快(つうかい)だと評していた。

중역과 국회의원이 연행되는 것을 통쾌하다고 평가하고 있었다.

▶ 彼は尋問(じんもん)のため拘引された。

그는 심문을 위해 연행되었다.

▶ 拘引を免(まぬが)れない羽目(はめ)に立つ。

구인을 면할 수 없는 입장에 처하다.

63 カイロ(= Cairo) : 카이로 [= エジプトの首都。ナイル川デルタの南端(なんたん)から25キロメートル南の、 西アジアとアフリカ、ヨーロッパを結ぶ要地に位置し、エジプトの政治、経済、文化の中心地であると同時に、アラブ世界、アフリカ大陸で最大の国際都市である]

64 スルタン(= Sultan) : 술탄, 회교국의 군주, 특히 터키의 황제 [= イスラム教最高権威者(けんいしゃ)であるカリフが授与(じゅよ)した政治的有力支配者の称号(しょうごう)。コーランでは、宗教的に重要な証示(しょうじ)、または権威の意味で使用され、非人格的(ひじんかくてき)なものであったが、のち特定の地域を支配する個人(こじん)の称号となった。サルタンとも]

65 取(と)り消(け)す : 취소하다 [= 決定したことや発表したことなどをあとで打ち消す。cancel, withdraw]

▸ CDを貸してくれるという約束を<u>取り消し</u>た。

씨디를 빌려주겠다는 약속을 취소했다.

▸ 最高裁判所(さいこうさいばんしょ)は高等裁判所の判決(はんけつ)を<u>取り消し</u>た。

대법원은 고등법원의 판결을 취소했다.

66 アラビア(= Arabia) : 아라비아 [= アジア大陸南西部、ペルシア湾(わん)·アラビア海·紅海(こうかい)に囲まれた世界最大の半島。 大部分は砂漠地帯(さばくちたい)。 石油埋蔵量(せきゆ-まいぞうりょう)が豊富、「亜剌比亜」とも書く。 서아시아에 있는 세계 최대의 반도]

67 トルコ(= Turco) : 터키 [= ほかの名称はオスマン帝国(ていこく)。 テュルク系(後のトルコ)の帝室(ていしつ)オスマン家を皇帝(こうてい)とする多民族帝国で、「土耳古」는 借字(しゃくじ)。 아시아의 서쪽 끝, 유럽의 동남쪽에 있는 공화국, 수도는 앙카라(Ankara)]

68 併呑(へいどん)する : 병탄하다, 합병하다, (아울러 삼킨다는 뜻에서) 다른 세력을 자기의 세력 하에 두는 일 [= 他の勢力を自分の勢力下に入れる。annex]

▸ 世界市場(せかいしじょう)を併呑して勢力(せいりょく)をのばす

세계 시장을 병탄하여 세력을 신장하다.

▸ それら5社は1社に併呑された。

그 5개의 회사는 한 회사에 합병되었다.

▸ その小国は隣接(りんせつ)する大国(たいこく)に併合された。

그 소국은 이웃대국에 합병되었다.

69 ついに : 마침내, 드디어, 결국 [= いよいよ、とうとう、長い時間ののちに最終的にある結果に達する。at last, finally] .
「`ついに~ない`의 형」끝끝내, 한 번도 [=ある状態が最後まで続く。at length]

▸ 彼は何度か試験を受けてついに合格した。

그는 여러 번 시험을 쳐서 드디어 합격했다.

▸ ついに私は彼女の若(わか)い頃の話を切り出した。

결국 나는 그녀의 젊은 시절 이야기를 꺼냈다.

▸ 彼はついに祖国(そこく)の土(つち)を踏(ふ)む事はなかった。

그는 끝끝내 조국의 땅을 밟는 일은 없었다.

70 賞味(しょうみ)する : 맛을 잘 음미하면서 먹다, 상미하다

[= 食べ物のおいしさをよく味(あじ)わって食べる、特別の料理を賞味する。enjoy, relish, (N)賞味(しょうみ)]

- この料理、ありがたく賞味いたしました。
  이 요리, 고맙게 음미하며 먹었습니다.
- 賞味期限2012年6月10日。(= Best if used by June 10, 2012)
  유통기한 2012년 6월 10일.
- 賞味期限をすぎた炭酸飲料(たんさんいんりょう)は気が抜(ぬ)けてすごく味が落ちる。
  유통기한이 지난 탄산음료는 김이 빠지고 맛도 상당 부분 떨어진다.
- 一部の本は賞味に値(あたい)し、一部は嚥下(えんか)に値し、一部は咀嚼(そしゃく)と消化に値する。[Sir Francis Bacon, 독서명언]
  어떤 책들은 맛보기 용이고, 어떤 책들은 삼키기 용이며, 몇몇 책들은 씹고 소화시키기 용이다. [즉, 어떤 책들은 일부만 읽으면 되고, 어떤 책들은 다 읽되 호기심을 가질 필요는 없으며, 몇몇 책들은 완전하고 충실하고 주의 깊게 읽어야 한다.]

cf) (A)「ご賞味ください」と(B)「お召(め)し上(あ)がり下さい」の違いは
(A)といわれたら、そのケーキは、パティシエが自信を持って作り上げたものである。(B)といわれたら、そのケーキは、近所のケーキ屋で買ったものか、家庭で作ったものである。ふたつの違いは、製作者のスタンスの違い。単なる「食べ物」か、芸術ともいえる「作品」かの違いである。

(A)로 들으면, 그 케이크는 파티시에(Patissier)가 자신 있게 만든 것이다. (B)로 들으면, 그것은, 근처 케이크 상점에서 샀던가, 가정에서 만든 것이다. 두 차이는, 제작자의 입장차이. 단순한「음식」인가 아니면 예술적인「작품」인가의 차이이다.

---

71 アレッポ(= Aleppo) : 알레포, 시리아 북서부의 상업도시 [= シリア北西部の商業都市。古来、東西貿易の中継地(ちゅうけいち)。繊維工業(せんいこうぎょう)が発達。1986年、世界文化遺産(いさん)に登録された。]

---

72 ダマスカス(= Damascus) : 다마스쿠스 [= シリアアラブ共和国の首都。シリア砂漠西端のオアシス都市で、古代から東西交通の要地。661～750年イスラム帝国ウマイヤ朝の首都として繁栄(はんえい)。現存する世界最古の都市の一。1979年に世界文化遺産に登録された。人口、行政区168万(2008)。시리아 공화국의 수도, 세계 最古도시의 하나, 메카에 이르는 순례길이며 이슬람교 사원이 많음]

---

73 コンスタンチノープル(= Constantinople) : 콘스탄티노플 [=トルコのイスタンブールの旧称(きゅうしょう)。東ロマ帝国、オスマントルコの首都。ビザンチン文化の中心地だった。이스탄불의 옛 이름]

---

74 ～初(はつ)：〈흔히,「～初の」의 꼴로 씀〉 첫, 처음, 최초 [= 最初、初め]

▶ 世界初のスーパーハイビジョン対応液晶(たいおう-えきしょう)ディスプレイを開発。[DigInfo TV]

세계 최초의 슈퍼 하이비전 대응 액정 디스플레이를 개발.

▶ 欧州では初の女性マタドールが誕生した。

유럽에서는 첫 여성 투우사가 탄생하였다.

75 続々(ぞくぞく)と： <흔히 ～と의 꼴로 씀> 속속, 잇달아, 연이어, 끊임없이 [= 絶(た)え間(ま)なく続くさま。one after another, endless]

▶ 1万メートル競走(きょうそう)では落伍者(らくごしゃ)が続々と出た。

1만 미터 경주에서는 낙오자가 잇달아 나왔다.

▶ 見物人(けんぶつにん)が続々と詰(つ)め掛(か)ける。

구경꾼이 속속 몰려들다.

▶ スティーブ·ジョブズは昨日56歳で亡(な)くなった。故人(こじん)をたたえる言葉(ことば)が世界各国から続々と送られてきた。

스티브·잡스는 어제 56세로 사망했다. 고인을 칭송하는 조문이 전 세계에서 끊임없이 밀려들었다.

76 インテリ(= Intelligentsia)：인텔리, 지식 계급, 지식인
[= 教養(きょうよう)のある人。an intellectual, an educated man]

▸ ハーバード大学出(だいがくで)のインテリ。
하버드 대학 출신의 지식인.

▸ 彼は常(つね)に魅力的(みりょくてき)なインテリというあのまれな存在(そんざい)だった。
그는 매력적인 지식인으로서 언제나 진기한 인물이었다.

▸ マキャベリとかプロレタリアとかの単語にインテリ臭(くさい)を感じませんか。
마키아벨리나 프롤레타리아라는 단어에 지식인 같은 느낌이 들지 않습니까?

77 引(ひ)き付(つ)ける：가까이 끌어당기다, (마음을) 끌다, 매혹하다 [=近くに引き寄せる、手元(てもと)に近づかせる。attract]

▸ 磁石(じしゃく)が釘(くぎ)を引き付ける。
자석이 못을 끌어당기다.

▸ 身近(みぢか)に引き付ける。
가까이로 끌어당기다.

▸ 敵(てき)を十分(じゅうぶん)引き付けてから射(う)つ。
적을 충분히 끌어들인 다음에 쏜다.

▸ 彼はどこか人(ひと)を引き付けるところがある。
그는 어딘지 사람을 끌어당기는 데가 있다.

78 観(かん)を呈(てい)する：양상을 띠다, 나타내다 [= 様相(ようそう)を帯(お)びる]

▶ 彼は不気味(ぶきみ)な観を呈された。

그는 불길한 조짐을 느꼈다.

▶ アカデミーのような観を呈する。

아카데미와 같은 양상을 띠다.

▶ 広場(ひろば)は巨大(きょだい)な生(い)き物(もの)みたいな観を呈した。

광장은 거대한 살아있는 생명체 같은 모습을 띄었다.

cf) 呈(てい)する：드리다, 증정하다, 나타내다, 드러내다 〔= 差(さい)し出(だ)す、進呈(しんてい)する、示(しめ)す。give, present〕

▶ 君の将来(しょうらい)を思ってこそあえて苦言(くげん)を呈したい。

너의 장래를 생각하여 감히 고언을 해주고 싶다.

▶ 彼らの努力に賛辞(さんじ)を呈しましょう。

그들의 노력에 찬사를 보냅시다.

▶ 魚市場(うおいちば)は盛況(せいきょう)を呈していた。

어시장은 성황을 띠고 있다.

▶ 土曜日にはこの通りは買い物客(かいものきゃく)で活気(かっき)を呈するのが常(つね)だ。

토요일에는 이 길은 쇼핑객으로 늘 활기를 띠기 일쑤다.

1-3

《そして、ヨーロッパへ》 1582年、ドイツ、アウグスブルグ[79]の医師レオンハルト・ラウボルフ[80]は、中東を旅して[81]旅行記を公にしたが[82]、その中で彼は次のように書いている。「いろいろと珍しいものがあるが、なかでもイスラム教徒は「ハウベ」と呼ぶ飲み物を愛用している。これはインキのような黒い色をした飲み物で、いろいろの病気、とくに胃病にたいへんよくきく。彼らはこれを小さな深い陶器または磁器製の茶碗に注いで[83]、やけど[84]をするほど熱いうちに飲むのである。これを飲むときは車座[85]になり、ほんの一口ずつすすり[86]ながら隣の人に回してゆく」

しかし、コーヒー・ハウスがヨーロッパに現われたのは、さらにこのあと百年たってからのことである。コーヒーをヨーロッパにもたらした[87]人間はいろいろとあげられているが、その一人はフランツ・ゲオルグ・コルシツキー[88]という男である。

1683年、ウイーンは城壁のぐるり[89]をトルコ軍に囲まれていた。城外に陣をかまえた[90]トルコ軍によって、町は糧食と援軍の道をたたれて[91]孤立していた。城内は飢え、降伏の話さえ出ていた。するとそのとき、コルシツキーが進み出て、トルコの包囲陣を突破して援軍の司令官に救い[92]を求めに行くと申し出た[93]のである。コルシツキーは長年トルコ人と一緒に生活したことのあるポーランド人であった。

8月13日、トルコ人に変装したコルシツキーと彼の従者は、大雨の中を包囲陣地を歩いて突破しはじめた。コルシツキーは疑われるのを避けるため、声高に[94]トルコ語で歌をうたいながら進んだ。その声を聞きつけた[95]トルコ軍の将校がテントから出てきて二人を尋問[96]したが、答に満足したとみえてそのまま通り過ぎることを許してくれた。こうして二日後、二人は後方に陣取る[97]ロレーヌ公[98]のもとにたどりつく[99]ことができたのだ。公は救援を約束してくれた。

コルシツキーは、ふたたびトルコの包囲陣を無事突破して、ロレーヌ公の約束をウィーン[100]市民に伝えたのだった。大いに感謝した市当局は、彼に金貨二千枚、ウイーンの市民権、市での営業許可証、それに屋敷[101]を贈った。この家が後にウイーン最初のコーヒー・ハウスになったのである。

9月12日、援軍が到着してトルコ軍は敗走した。包囲が解かれ、トルコ軍陣地の略奪が始まった。戦利品の中に、不思議な芳香を発する豆のはいった大きな袋が500もあったが、略奪者たちはそれが何であるかわからず、ドナウ川[102)]に投げ捨てようとした。するとちょうどそのとき、そばを通りかかったコルシツキーがそれを見て、「捨てるなら私にください」と申し出た。このあとほどなく[103)]してウイーンに最初のコーヒー・ハウスが生まれたというわけである。

한자의 読み方

公(おおやけ)にする : 공개하다
教徒(きょうと) : 교도
胃病(いびょう) : 위병
陶磁器(とうじき) : 도자기
車座(くるまざ) : 빙 둘러 앉음
隣(となり) : 이웃, 옆
城壁(じょうへき): 성벽
城外(じょうがい) : 성 밖
糧食(りょうしょく) : 식량
孤立(こりつ)する : 고립되다
飢(う)える : 주리다, 굶주리다
包囲陣(ほういじん) : 포위군
司令官(しれいかん) : 사령관
求(もと)める : 구하다, 요구하다
珍(めずら)しい : 드물다, 진귀하다
愛用(あいよう) : 애용
陶器(とうき) : 도기, 오지그릇
注(そそ)ぐ : 붓다, 따르다
一口(ひとくち) : 한입, 한 모금
現(あらわ)れる : 나타나다, 출현하다
囲(かこ)む : 둘러싸다
陣(じん) : 진, 진영
援軍(えんぐん) : 원군
城内(じょうない) : 성내
降伏(こうふく) : 항복
突破(とっぱ)する : 돌파하다
救(すく)い : 도움, 구조, 구제
長年(ながねん) : 오랜 세월, 여러 해
申(もう)し出(で)る : 자청해서 말하다, 신청하다
変装(へんそう) : 변장
大雨(おおあめ) : 큰 비, 폭우
疑(うたが)う : 의심하다
声高(こわだか)だ : 소리 높이다
尋問(じんもん)する : 심문하다
二日後(ふつかご) : 이틀 후
陣取(じんど)る : 진을 치다
救援(きゅうえん) : 구원
市当局(しとうきょく) : 시당국
市民権(しみんけん) : 시민권
従者(じゅうしゃ) : 종자, 시종
包囲陣地(ほういじんち) : 포위진지
避(さ)ける : 피하다, 멀리하다
将校(しょうこう) : 장교
満足(まんぞく) : 만족
後方(こうほう) : 후방
～公(こう) : ～공(접미)
無事(ぶじ) : 아무 일 없음
金貨(きんか) : 금화
屋敷(やしき) : 큰 주택
営業許可証(えいぎょうきょかしょう) : 영업 허가증
解(と)く : 풀다, 뜯다
略奪(りゃくだつ) : 약탈
敗走(はいそう)する : 패하여 달아나다

戦利品(せんりひん)：전리품	芳香(ほうこう)：방향, 향기
発(はっ)する：발하다, 시작되다	袋(ふくろ)：봉투, 주머니
略奪者(りゃくだつしゃ)：약탈자	投(な)げ捨(す)てる：던져버리다

중요어구

79 アウグスブルク(= Augsburug)：아우구스부르크 [= ドイツ南部、バイエルン州の工業都市。中世・近世を通じて交通·商工業の中心地として繁栄(はんえい)。富豪(ふごう)フッガー一家の住居(じゅうきょ)、大聖堂などの歴史的建造物が多い。독일 남부 바이에른 주에 있는 도시]

80 レオンハルト・ラウボルフ(= Leonhart Rauwolf)：레온할트・라볼그 [= 1535–1596, 독일의 의사, 식물학자, 여행자, <관련자료> He was a German physician, botanist, and traveller. His main notability arises from a trip he made through the Levant and Mesopotamia in 1573-75. The motive of the trip was to search for herbal medicine supplies. Shortly after he returned, he published a set of new botanical descriptions with an herbarium. Later he published a general travel narrative about his visit] [wiki]

81 旅(たび)する：여행하다 [= 旅行(りょこう)する。take a trip, travel]

▶ 彼女はこの夏はヨーロッパを旅している。

그녀는 올여름 유럽을 여행하고 있다.

▶ 広く旅する人は、物知(ものし)りである。 [서양속담]

널리 여행하는 자는 박식하다.

▶ 私はビジネスで一年に6回から7回旅する。

저는 비즈니스로 1년에 6～7번 여행을 한다.

82 公(おおやけ)にする：(저작 · 의견 등을) 공표하다, 공개하다 [= 事実や意見を社会に知らせる、 公表(こうひょう)する、著書(ちょしょ)を世に出す]

▶ 彼の死後(しご)おおやけにされた書簡(しょかん)。

그의 사후에 공개된 편지.

▶ 捜査(そうさ)結果を公にする。

수사 결과를 공표하다.

▶ 当時の外交文書(がいこう-ぶんしょ)が初めて公にされた。

당시의 외교 문서가 처음으로 공개되었다.

cf) 公(おおやけ)になる : 일반에게 알려지게 되다.

▶ 支店長(してんちょう)がNPAのメンバー5人に誘拐(ゆうかい)された。その後事件が公になると、センセーショナルな話題となった。

지점장이 NPA 멤버 5명에게 유괴되었다. 그 후 사건이 공개되자 놀랄만한 화제가 되었다.

83 注(そそ)ぐ : (自) 흘러들다, (비 따위가) 내리다, 쏟아지다, (他) (물을) 대다, (눈물을) 흘리다, (물을) 붓다, 따르다, (물을) 주다, 뿌리다, 집중하다, 경주(傾注)하다 [= 流れ込む、掛かる、振り掛ける、注ぎ入れる、つぐ、集中する。flow into, water, pour, pour into, concentrate]

▸ 荒川は東京湾に注ぐ。

아라가와 강은 동경만으로 흘러들어간다.

▸ 窓から雨が降り注いでいた

창문에서 비가 쏟아지고 있었다.

▸ 田(た)に水をそそぐ。

논에 물을 대다.

▸ 熱(あつ)い涙(なみだ)をそそぐ。

뜨거운 눈물을 흘리다.

▸ 湯呑(ゆの)みに茶をそそぐ。

찻잔에 차를 따르다.

▸ 植木(うえき)に水をそそぐ。

정원수에 물을 주다.

▸ そんな事をしたら火に油を注ぐようなものだ。

그런 일을 하면 불에 기름을 붓는 것과 같다.

▸ その仕事に全力(ぜんりょく)を注いだ。

그 일에 전력을 다했다.

▸ これは私が心血(しんけつ)を注いで作り上げた作品だ。

이것은 내가 심혈을 기울여 만든 작품이다.

▶ 親は子に限(かぎ)りない愛を注ぐが、 子にそれがわかるのは、自分が親になった時だろう。

부모는 아이에게 한없는 사랑을 쏟지만, 아이가 그것을 아는 것은 자신이 부모가 되었을 때일 것이다.

cf) 注(つ)ぐ : 붓다, 따르다, 쏟다 [= 容器に物を満(み)たす、特に液体(えきたい)を容器(ようき)にそそぎ入れる。pour, fill, `注(そそ)ぐ`보다 좁은 의미임]

▶ ご飯を茶わんにつぐ。

밥을 밥공기에 떠 담다.

▶ 彼女は客の一人一人に茶をついでくれた。

그녀는 손님 한 사람 한 사람에게 차를 따라주었다.

▶ 財産(ざいさん)をつぎこむ。

재산을 쏟아 넣다.

---

84 火傷(やけど) : 화상, 뎀, (비유적으로) 피해를 봄 [= 火による、熱湯(ねっとう)による、痛手(いたで)]

▶ 熱いフライパンで手にやけどした。

뜨거운 프라이팬에 손화상을 입었다.

▶ やけどの跡(あと)が残(のこ)る。

화상 자국이 남다.

▶ 株(かぶ)に手を出(だ)してやけどした。

주식에 손을 대서 손해를 보았다.

85 車座(くるまざ) : 빙 둘러 앉음 [= 多くの人々が輪(わ)のように内側(うちがわ)を向いて並んで座ること、`車座になる`로 잘 사용됨. sit in a circle]

▶ 桜の下で車座になって飲む。

벚나무 아래에 빙 둘러앉아 술을 마시다.

▶ 集まって車座になり、パイプをゆっくりと味(あじ)わいながらお茶や雑談(ざつだん)をする生活様式(ようしき)に合わせられた喫煙具(きつえんぐ)である。 [水タバコ]

빙 둘러앉아 파이프를 천천히 음미하면서 차나 잡담을 하는 생활양식에 맞추어진 흡연도구이다.

86 すす(啜)る : 홀짝홀짝 마시다, 코를 훌쩍이다 [= ずるずると音を立てて、ちびちびと。slurp, sip]

▶ 彼は熱いコーヒーをゆっくりとすすった。

그는 뜨거운 커피를 천천히 홀짝거리면서 마셨다.

▶ スープをすすって飲むのは不作法(ぶさほう)だ。

스프를 홀짝거리면서 먹는 것은 예의가 아니다.

▶ グルメ[1]な街で上品(じょうひん)に晩酌(ばんしゃく)しながら、そばをすすってみてはいかがでしょうか。

---

1) グルメ(= gourmet) : 음식 맛에 정통함, 또는 그런 사람, 美食家.
グルメ・ショップ(gourmet+shop) : 백화점·지하상가 등에 저명한 식품 회사나 요리점 지점이 늘어선 식품가.

맛집 거리에서 품위 있게 저녁 반주하면서 메밀국수를 후루룩 거리며 먹어보면 어떨까요?

87 もたらす(齎す)：가져오다, 초래하다, 야기하다 [= 持って来る、引き起こす、~に立ち至る。bring, bring about, lead to]

▸ 人に幸運をもたらす。

사람에게 행운을 가져오다.

▸ 春を齎す雨。

봄을 가져오는 비.

▸ 重大な結果を齎した。

엄청난 결과를 초래했다.

▸ 最も多くの人に最も大きな幸福(こうふく)をもたらすべきだという考えが最大多数の最大幸福だ。

더 많은 사람에게 더 큰 행복을 가져와야한다는 생각이 최대다수의 최대행복이다.

▸ この判断が、たとえどんな結果をもたらそうとも、決して後悔はすまい。

이 판단이, 설령 어떠한 결과를 초래한다고 해도, 결코 후회하지는 않으리라.

88 フランツ・ゲオルグ·コルシツキー(= Franz Georg Kolschitzky) : 후랑츠·게오르그· 콜시츠키 [= 1640–1694, 오스트리아의 빈을 점령하였을 당시, 터키에 머물고 있던 공직자. <관련자료> Jerzy Franciszek Kulczycki of the Sas coat of arms, was a western Ukrainian nobleman of Orthodox faith, merchant, spy, diplomat and soldier, and considered a hero by the people of Vienna for his actions at the 1683 Battle of Vienna. According to a popular legend, he opened the first café in the city, using coffee beans left by the retreating Ottoman Turks. His name often rendered in German as Georg Franz Kolschitzky.] [wiki]

[그림-5] 빈의 남쪽 콜시츠키의 이름을 딴 거리(Kolschitzky-gasse)에 아랍복장을 하고 커피를 따르는 콜시츠키의 조각상.

89 ぐるり : (N) 둘레, 주위, (부) 한 바퀴 도는 모양, 휙, 빙 [まわり、周囲(しゅうい)、重い物が回転(かいてん)するさま]

▶ 家のぐるりに垣根(かきね)をめぐらす。

집 둘레에 울타리를 두르다.

▶ 敵(的)がぐるりから攻(せ)め寄(よ)せてきた。

적이 외곽으로 부터 공격해왔다.

▶ あっという間(ま)に数人(すうにん)の男がぐるりと彼を取り巻(ま)いた。

순식간에 다수의 남자가 휙 하고 그를 둘러쌌다.

▶ ぐるりと辺(あた)りを見回(みまわ)した。

휙 근처를 둘러봤다.

90 構(かま)える : 차리다, 꾸미다, 자세를 취하다 [= 整(ととの)った形に作り上げる、組み立ててつくる]

▶ 大通(おおどお)りに店を構えている。

큰 대로에 가게를 차리고 있다.

▶ 結婚して一家(いっか)をかまえる。

결혼하여 한 가정을 꾸미다.

▶ 東京に邸宅(ていたく)を構えた。

도쿄에 저택을 차렸다.

▶ 銃(じゅう)を構えた男が近づいてきた。

총을 쏠 자세를 한 남자가 다가왔다.

91 断(た)つ : 끊다, 자르다 [= つながっているものを切り離(はな)す、切断(せつだん)する、さえぎる。cut off, switch off]

▶ 一か月前から酒とたばこを断った。

1개월 전부터 술과 담배를 끊었다.

▶ 大雪(おおゆき)のために軍隊は糧食(りょうしょく)を断たれた。

폭설 때문에 군대는 식량이 끊겼다.

▶ 犯人(はんにん)はもう逃(に)げ道を断たれて、袋(ふくろ)のねずみです。

범인은 이제 도망갈 길이 끊어져 독 안에 든 쥐입니다.

▶ 鎖(くさり)をばらばらに断つ。

쇠사슬을 갈기갈기 자르다.

---

92 救(すく)う : 구하다, 돕다, 살리다 [= 助(たす)ける、正しい道に戻(もど)す。save, rescue]

▶ 生徒を救うために命(いのち)を落(お)とした先生の勇気(ゆうき)をたたえて石碑(せきひ)が建てられた。

학생을 구하기 위해 목숨을 바친 선생님의 용기를 기려 비석이 세워졌다.

▶ この犬は山の遭難者(そうなんしゃ)を救うように訓練(くんれん)されている。

이 개는 산의 조난자를 구하도록 훈련 받고 있다.

▶ 彼の命を救ったのは妻の手厚(てあつ)い看護(かんご)だった。

그의 생명을 살린 것은 아내의 극진한 간호 덕분이었다.

93 申(もう)し出(で)る : 자청해서 말하다, 신청하다, 신고하다 [= 意見や希望などを自分から言って出る。offer, propose]

▶ 希望者(きぼうしゃ)は事務所(じむしょ)に申し出ること。

희망자는 사무소에 신청할 것.

▶ 生徒たちは先生に宿題を減らしてほしいと申し出た。

학생들은 선생님에게 숙제를 줄여달라고 자청했다.

▶ 手配の人物を見掛けたら警察に申し出てください。

수배자를 발견하면 경찰에 신고해 주십시오.

94 声高(こわだか)だ : 소리 높이다 [= 話し声の調子が高く大きいさま。speak loudly]

▶ するべき主張(しゅちょう)が沈黙(ちんもく)の中に埋(う)もれる一方、おかしな主張は声高にされる。

해야 할 주장이 침묵 속에 묻히는 한편, 우스꽝스러운 주장은 소리 높게 나타난다.

▶ 震災被害(しんさい-ひがい)を声高にアピールできない業界(ぎょうかい)の苦悩(くのう)。

지진피해를 큰소리로 어필할 수 없는 업계의 고뇌.

▶ ノイジー·マイノリティ(= noisy minority)とは声高な少数派(しょうすうは)を意味する。

노이지·마이노리티란, 소리 높여 주장하는 소수파를 의미한다.

cf) 高声(こうせい) : 큰 목소리 [= 大きな声]

▸ 高声放歌(こうせい-ほうか) : 고성방가

95 聞(き)きつける : 우연히 듣다, (음이나 소리를) 눈치 채다, 들어서 귀에 익다 [= 音や声に気づく、耳にする、聞き慣(な)れる。hear]

▸ 変(へん)な物音(ものおと)を聞きつける。

이상한 소리를 듣다.

▸ 会社倒産(とうさん)のうわさを聞きつけた。

회사가 파산한다는 루머를 들었다.

▸ こいぬは僕(ぼく)の声をききつけて飛んで来た。

강아지는 내 목소리를 듣고 달려왔다.

▸ どうもききつけない名前(なまえ)だ。

아무래도 처음 듣는 이름이다.

cf) ~つける : (후항v) 늘 ~하다, ~해 버릇하다 [동작이 격렬함을 나타냄]

▸ 駅へ駆(か)けつけたのは終電(しゅうでん)ぎりぎりだった。

역에 도착했을 때는 간신히 막차 때였다.

▸ 彼が私に投(な)げつけた痛烈(つうれつ)な言葉(ことば)が、今でも心に残っている。

그가 나에게 내 뱉은 매서운 말이 아직도 마음속에 남아있다.

▸ 売りつける(강매하다), たたきつける(내동댕이치다), 打(う)ちつける(세게 박다, 부딪치다), どなりつける(호통 치다), 叱(しか)りつける(몹시 꾸짖다)

96 尋問(じんもん)：심문, 검문 [= 問(と)いただすこと、問い尋ねること、取り調べとして口頭(こうとう)で質問すること、被告(ひこく)などを調べること。question, examine]

▸ 不審(ふしん)じんもん。

불심 검문

▸ 容疑者(ようぎしゃ)をじんもんする。

용의자를 심문하다.

▸ 警察は少女殺害(さつがい)に関連する尋問のために彼を警察に連行(れんこう)した。

경찰이 한 소녀의 살해 사건과 관련하여 취조를 하기 위해 그를 연행해 갔다.

97 陣取(じんど)る：진을 치다, 포진하다, 자리를 차지하다 [= 陣地(じんち)を構(かま)える、場所を占める。take up a position]

▸ 戸口(とぐち)に陣取って入って来る人を見張(みは)っていた。

출입구에 포진하여 들어오는 사람을 지키고 있었다.

▸ 一番(いちばん)前にじんどって見物(けんぶつ)する。

맨 앞에 자리를 잡고 구경하다

▸ 子供たちが部屋の真(ま)ん中にじんどっている。

아이들이 방 한가운데를 차지하고 있다.

98 ロレーヌ公(こう)(= Herzog von Lothringen) : 로레누 공 [= 現在はフランスのロレーヌ地域圏(ちいきけん)となっているロレーヌ地方に存在したロレーヌ公国の君主(くんしゅ)。ロートリンゲン大公とも呼ばれる。현재는 프랑스의 로레이누 지역권이 되고 있는 로레이누 지방에 존재한 로레이누 공국의 군주. 로트린겐 대공이라고도 불린다.]

cf) ～公(こう) : (접미) ～공 [= '공작(公爵(こうしゃく)'の縮約形。地位の高い人の姓名に付いて敬意を表す、a duke, a prince]

▶ 彼女はウインザー公と結婚しコッツウォールズのこの大邸宅に住んでいる。

그녀는 윈저 공과 결혼해서 코츠월드에 있는 이 저택에 살고 있다.

▶ 彼女の父親はポーランドの伯爵(はくしゃく)バーケンヘッド公だった。

그녀의 아버지는 폴란드 백작 버컨헤드 공이었다.

▶ ミラー公のバイオリン演奏(えんそう)が音楽会の掉尾(とうび)を飾(かざ)った。

밀러공의 바이올린 연주가 음악회의 마지막를 장식했다.

99 辿(たど)り着(つ)く : (고생 끝에 겨우) 당도하다, 도달하다 [= 尋(たず)ね求めながらやっと目的地に行き着く、また苦労(くろう)のすえにやっと行き着く]

▶ 3時間後(ご)に頂上(ちょうじょう)にたどりついた。

3시간 후에 가까스로 정상에 당도했다.

▸ 激論(げきろん)の末(すえ)結論(けつろん)にたどりつく。

격론 끝에 겨우 결론에 도달하다.

▸ 無人島(むじんとう)にたどり着いてもう三か月、いつになったら助(たす)け船が来るのだろうか。

무인도에 도달하여 벌써 3개월, 언제가 되면 구조선이 올까?

---

100 ウィーン(= Wien, Vienna) : 오스트리아 빈 [= オーストリア共和国(きょうわこく)の首都(しゅと)。ドナウ川沿(かわぞ)いにあり、ウィーンの森など緑が多く、ハプスブルク家オーストリア帝国(ていこく)の首都として繁栄(はんえい)、音楽の都(みやこ)とよばれる。歴史的建造物(けんぞうぶつ)が多い。오스트리아 공화국의 수도. 도나우 강가에 있고 빈의 숲 등 초록이 많으며 합스부르크 오스트리아 제국의 수도로서 번영, 음악의 수도로 불림, 역사적 건조물이 많다]

▸ ウィーンはクラシック音楽のメッカとしてゆるぎない地位(ちい)を継続(けいぞく)している。

빈은 클래식 음악의 메카로서 흔들림 없는 지위를 계속 누리고 있다.

▸ チェコ出身で元ウィーン・フィルハーモニー管弦楽団(かんげんがくだん)バイオリニスト。

체코 출신으로 전 빈필하모니 관현악단 바이올린니스트.

---

101 屋敷(やしき) : 큰 저택 [= 土地(とち)も広くりっぱなつくりの大きな家、邸宅(ていたく)。mansion, residence]

▶ 築地(ついじ)をめぐらした屋敷。

토담을 두른 저택.

▶ 祖母は、小学校を卒業するとすぐ、金持ちの屋敷へ奉公(ほうこう)に行ったそうだ。

할머니는, 소학교를 졸업하자마자 부자 집 대저택에 더부살이로 갔다고 한다.

---

102 ドナウ川(がわ)(= Donau River) : 도나우 강 [= ドイツ南部の山地に源(みなもと)を発し、バイエルン地方を横断(おうだん)してウィーン·ブダペスト·ベオグラードなどを経(へ)てルーマニアとブルガリアとの国境を流れ、 黒海(こっかい)に注(そそ)ぐ国際河川(かせん)。 全長(ぜんちょう)2860キロ、ダニューブ川。독일 남부의 산지에서 발원하고, 바이헤른 지방을 횡단해 빈 · 부타페스트 · 헤오그랜드 등을 지나 루마니아와 불가리아 등의 국경을 흘러, 흑해로 흐르는 국제하천, 전장 2860킬로, 다뉴브강이라고도 불림]

---

103 ほどなく(程無く) : (부) 머지않아, 이윽고, 곧 [= 時があまりたたないうちに、まもなく。soon, shortly, before long]

▶ 建物はほどなく完成する。

건물은 머지않아 완성된다.

▶ ほどなく夏になる。

머지않아 여름이 된다.

▶ その希望(きぼう)はほどなくたっせられた。

그 희망은 곧 이루어졌다.

▶ この飛行機はほどなくマニラに着きます。

이 비행기는 이윽고 마닐라에 도착합니다.

1-4

《歴史は、コーヒーで作られる》 はじめ、この新しい飲み物はまあまあ[104)]の人気であった。しかしその人気も、次第に[105)]薄れていった。ウイーンの人々には、トルコ式にいれた[106)]濃くてにがいコーヒーが合わなかったのだ。そこで、コルシツキーはいろいろと工夫をこらして[107)]みた。彼はいつも茶碗の底にたまる[108)]オリ[109)]をこして[110)]みた。そして、こして得た液体にミルクをたっぷりとまぜてみた。次に、彼はコーヒーを飲みながら食べるものをこしらえて[111)]みた。パン屋に話をつけた[112)]彼は、トルコ軍撃退を記念して、その軍旗の模様を型どった[113)]三日月形[114)]のパンを焼かせてみたのである。こうして、あのクロワッサン[115)]が — そしてコンチネンタル風[116)]の朝食が — 生まれたのである。

コーヒーを飲む風習は、17世紀中にはヨーロッパ中に広まり、西欧社会の生活をすっかり変えてしまった。

コーヒーがフランスにもたらされて百年後にフランス革命が起こった。コーヒー・ハウスは理想的な集会の場となり、ここで革命の計画が練られた[117)]のだ。インテリ[118)]たちは、ワインやビールで頭をぼんやり[119)]させてしまう代わりに、おいしいコーヒーによって、意識を鮮明しておくことができた。

だから、いわゆる啓蒙思想を推進した本当[120]の英雄は、実は歴史に登場するおなじみ[121]の人々ではなく、フランツ・ゲオルグ・コルシツキーであり、シェイフ・アッ・シャーディリーであり、エチオピアの山腹で元気にはね回っていたヤギであったのかもしれない。［筆者 Paul Lunde and Jon Mandaville］

한자의 読み方

次第(しだい)に：차츰
底(そこ)：바닥, 밑바닥
撃退(げきたい)：격퇴
模様(もよう)：모양
三日月形(みかづきがた)：초승달 모양
百年後(ひゃくねんご)：백 년 후
理想的(りそうてき)：이상적
練(ね)る：짜다
意識(いしき)：의식
啓蒙思想(けいもうしそう)：계몽사상
本当(ほんとう)：진정, 진짜
歴史(れきし)：역사
山腹(さんぷく)：산중턱
薄(うす)れる：엷어지다, 약해지다
液体(えきたい)：액체
軍旗(ぐんき)：군기, 군의 깃발
型(かた)どる：본뜨다
焼(や)く：굽다
革命(かくめい)：혁명
集会(しゅうかい)の場(ば)：집회의 장
代(か)わりに：대신에
鮮明(せんめい)する：선명하다
英雄(えいゆう)：영웅
登場(とうじょう)：등장
はね回(まわ)る：뛰어다니다

중요어구

104 まあまあ : (부) 그저 그런, 불충분하나 참을 수 있는 정도임, 어지간함, 그런대로 임 [= 十分ではないが一応(いちおう)は満足できるさま、まずまず。It's just so-so]

▶ 彼にしてはまあまあよくやった。

그로서는 그런대로 잘 해냈다.

▶ ダンスはまあまあ上手なほうだ。

춤은 그럭저럭 잘 추는 편이다.

▶ 彼はまあまあ主義だ。

그는 일을 대충하는 타입이다.

▶ 出来映(できば)えはまあまあと言うところだ。

만듦새는 그런대로 쓸 만하다.

105 次第(しだい)に : 차츰, 점차, 서서히 [= 物事の程度や状態が少しずつ変化·進行するさま、徐々に、だんだん(段々)。gradually]

▶ 次第に寒くなる。

점차 추워지다.

▶ 私は彼のよさが次第に分かってきた。

나는 그의 장점을 차츰 알게 되었다.

▶ 彼の姿は次第に闇(やみ)の中に消えていった。

그의 모습은 차츰 어둠 속으로 사라져 갔다.

106 (お茶を)入(い)れる：(차를) 끓이다, (차를) 내놓다

▸ 私はオフィスで全員にお茶を入れた。

나는 사무실에 있는 모든 사람들을 위해 차를 끓였다.

▸ お湯を沸(わ)かしてお茶を入れましょうね。

뜨거운 물을 끓여 차를 내 올께요.

107 凝(こ)らす：(마음 · 생각을) 집중시키다, 응시하다

[= 心の働(うご)きを一つのものや所に集中させる、一心(いっしん)に考えをめぐらす]

▸ 瞳(ひとみ)を凝らす。

응시하다.

▸ 耳を凝らす。

귀를 기울이다.

▸ 彼女は瞳(ひとみ)を凝らしてその蜂(はち)を見ていた。

그녀는 집중하여 그 꿀벌을 보고 있었다.

▸ 彼は新しい機械に工夫を凝らした。

그는 새로운 기계에 골똘히 궁리했다.

▸ さすがに展覧会に出すだけあって、どの作品にも面白い工夫が凝らしてあります。

정말 전람회에 낼 만큼 어느 작품에도 재미있는 고안이 응축되어 있습니다.

108 溜(たま)る : 모이다, 늘다, 붇다, 쌓이다, 밀리다 [= 物事(ものごと)が少しずつ積もり集まって多くなる、とどこおる。collect、accumulate]

▸ 人がたまる。

사람이 모이다.

▸ 貯金(ちょきん)がたまる。

저금이 늘다.

▸ テレビのスクリーンにほこりがたまった。

텔레비전 스크린에 먼지가 쌓였다.

▸ 雨が上がって道路のあちこちに水がたまっていた。

비가 그치고 도로 여기저기에 물이 고였다.

▸ 仕事がたまっていたので、その会合(かいごう)は欠席した。

일이 밀렸기 때문에 그 모임에는 결석했다.

109 オリ(澱·滓) : 앙금, 침전물 [= かす、おどみ。sediment, (coffee) grounds]

▸ 滓が沈(しず)む。

앙금이 가라앉다.

▸ 滓が溜まる。

침전물이 쌓이다.

▸ コーヒー滓をこして取り除(のぞ)く。

커피 침전물을 걸러 없애다.

110 こす(漉す·濾す) : 여과하다, 거르다 [= かすや不純物(ふじゅんぶつ)を取り除くために布・網·紙や砂などをくぐらせる、濾過(ろか)する、裏(ご)しにする。filter, pure]

▸ 不純物をこして取(と)り除(のぞ)く。

불순물을 걸러서 없애다.

▸ 餡(あん)をこす。

팥소를 거르다.

▸ 泥水(どろみず)をこす。

흙탕물을 거르다.

▸ 煮汁(にじる)をこす。

끓인 국물을 거르다.

111 拵(こしら)える : 만들다, 준비하다, 치장하다, 꾸미다 [= 物を作り上げる、製作する、準備する、調(ととの)える。make]

▸ 机(つくえ)をこしらえる。

책상을 만들다.

▸ お昼を3人分こしらえてくれ。

점심을 3인분 준비해 줘.

▸ 父はわずか二十年の前に、これだけの財産(ざいさん)をこしらえたのです。

아버지는 불과 20년 전에 이 정도의 재산을 모았습니다.

▶ 姉は顔をこしらえているところです。

누나는 화장을 하고 있는 참입니다.

▶ アリバイをこしらえる。

알리바이를 꾸미다.

112 話(はな)しを付(つ)ける : 이야기하여 매듭짓다 [= 話の片(かた)をつける、相談・交渉(こうしょう)をまとめる]

▶ なあなあで話をつける。

적당히 이야기를 매듭짓다.

▶ 円満(えんまん)に話を付ける。

원만하게 이야기를 마무르다.

▶ 抜駆(ぬけがけ)してこっそり話を付ける。

남보다 앞질러 슬쩍 결말을 짓는다.

113 型(かた)どる(= 象る·模る) : 본뜨다, 상징하다 [= 物の形を写し取る、物事を形象化(けいしょうか)して表す、象徴(しょうちょう)する。make in the shape of, model]

▶ 古代(こだい)の作(さく)にかたどる。

고대의 작품을 모방하다.

▶ 船(ふね)をかたどった建物。

배를 본뜬 건물.

▶ 生(せい)の喜(よろこ)びをかたどった舞踊(ぶよう)。

삶의 기쁨을 상징하는 무용.

▶ 平和をかたどったマーク。

평화를 상징하는 마크.

---

114 三日月形(みかづきがた) : 초승달 모양 [= 三日月のように弓(ゆみ)なりに曲(ま)がっている形、みかづきなり]

▶ 細面(ほそおもて)の顔に三日月形のまゆ毛(げ)がいかにも婀娜(あだ)っぽい。

갸름한 얼굴에 초승달 모양의 눈썹이 무척이나 요염하다.

---

115 クロワッサン(= Croissant) : 크로와상 [= 三日月形に整形(せいけい)して焼(や)いたパン。버터를 넣어 초승달 모양으로 구운 빵]

---

116 コンチネンタル風(= Continental ふう) : 유럽풍 [= ヨーロッパ大陸の様式(ようしき)やものまたそのようなさま]

▶ 紳士服(しんしふく)のコンチネンタルスタイル。

유럽풍 신사복. a continental style.

▶ コンチネンタルブレックファスト。

유럽풍 아침식사. a continental breakfast.

117 練(ね)る : 짜다, 다듬다, 기르다 [= 学問や技芸(ぎげい)などを鍛(きた)えみがく、念入(ねんい)りに仕上(しあ)げる、修養(しゅうよう)する。train]

▶ 計画を練る。

계획을 짜다.

▶ 演説の言葉を練る。

연설할 말을 다듬다.

▶ これは会社の浮沈(ふちん)にかかわる問題だから、じっくり対策(たいさく)を練ろう。

그것은 회사의 성쇠에 관련되는 문제이기 때문에 곰곰이 대책을 짜야겠다.

▶ 君は胆力(たんりょく)を練る必要がある。

너는 담력을 기를 필요가 있다.

118 インテリ(= Intelli-gentsiya) : 인텔리, 지식계층 [= 知識(ちしき)·教養(きょうよう)を持ち、知的労働に携(たずさ)わる社会層、知識階層、インテリゲンチャ、19世紀の帝政(ていせい)ロシアにおいて自由主義的な知識人の一群(いちぐん)をさした語]

▶ ハーバード大学出(で)のインテリ。

하버드 대학 출신의 지식인.

▶ 実用的な学習に変にインテリぶった伝統や金はいらない。

[アダム・クーパー]

실용적으로 배우기 위해서는 거창하고 교양 있는 전통이나 돈이 필요하지 않다.

---

119 ぼんやり(と) : 희미한 모양, 우두커니, 멍하니 [= ぼんやりした(と)、 考えなどが集中せず間(ま)が抜(ぬ)けていること。dimly, vaguely]

▶ 遠くに島がぼんやり見える。

멀리 섬이 희미하게 보인다.

▶ そのことをぼんやりとしか覚えていない。

그 일은 희미하게 밖에 기억나지 않는다.

▶ 火事(かじ)だというのにぼんやりと突(つ)っ立っている。

불이 났다고 하는 데도 우두커니 서 있다.

▶ 寝不足(ねぶそく)で今朝は頭がぼんやりしている。

잠 부족으로 오늘 아침 머리가 멍하다.

---

120 本当(ほんとう) : 사실, 진짜, 올바름, 참됨 [= 本物, 偽(いつわ)りや見せかけでなく、 実際にそうであること、真実(しんじつ)、事実(じじつ)、現実(げんじつ)。truth, fact, real, true, actual]

▶ ほんとうのところ僕には自信がなかった。

사실인 즉 나에게는 자신이 없었다.

▶ これはほんとうのひすいです。

이것은 진짜 비취입니다

▸ どうしてもほんとうの意味がわからない。

아무래도 참뜻을 알 수가 없다.

▸ 彼はほんとうの英雄(えいゆう)だった。

그는 진정한 영웅이었다.

121 御馴染(お-なじみ) : 잘 앎, 잘 아는 사이, 친한 사이 [=「なじみ」의 높임말·공손한 말. 互(おたが)いによく知りあっていること、 親しい間柄(あいだがら)。 the regular members]

▸ おなじみは一人もいない。

잘 아는 분은 한 분도 없다.

▸ おなじみの店。

단골 가게.

▸ 西部劇(せいぶげき)でおなじみのリオグランデ川を越えた。

서부극에서 친숙해진 리오그란데 강을 건넜다.

▸ おなじみの落語家(らくごか)。

잘 아는 만담가.

第2章 バレンタイン・デーの主役「チョコレート」

胸もときめく[1]バレンタイン・デー[2]
あなたは贈った? 贈られた?
甘いチョコレートは恋の味

ジャック・デントン・スコット

2-1

《チョコレートの歴史》 1980年のこと、スイスのさる[3]有名なチョコレート・メーカーの従業員二人が逮捕された。小国スイスが最高機密として、門外不出[4]にしているチョコレートの製法を、40種類も中国とソ連に売渡そう[5]としたからである。スイスでは、この行為は軍事機密を洩らす[6]のと同じくらい深刻な問題と考えられている。というのは[7]、戦争はしないけれど、彼らは、この世界一を誇るチョコレートを輸出することで、年間7500万ドル以上の外貨を稼いで[8]いるからである。

ところが、チョコレートの歴史をひもといて[9]みると、この卑劣な"裏切り[10]行為"には先例があったことがわかる。そもそも[11]チョコレートが世界にひろまることになったのは、スペインのメキシコ征服者エルナン・コルテス[12]が、1519年にメキシコのアステカ帝国[13]の宮廷から、チョコレートの製法を自国に持ち帰ったからなのである。アステカ帝国の皇帝であるモンテスマ二世[14]は、スイスほどガード[15]が固くなかったようで、コルテスを歓迎するに際して[16]「チョコラトル[17]」で乾杯し、その製造過程の見学をも許している。モンテスマ二世はこの褐色の苦い汁を、黄金のカップで一日に50杯も飲み、そのうえ、ハーレム[18]に入る前にも大きな杯になみなみと[19]注いで飲みほして[20]いたという。このチョコラトルがエネルギーや力の源[21]となるだけでなく、媚薬[22]にもなることを固く信じていたのだ。

後に、栄養学者が分析したところによると、普通サイズのミルク・チョコレート一枚の中には、炭水化物と脂肪のほかに、蛋白質、ビタミンB1、リボフラビン[23]、カルシウム、鉄分がかなり含まれているという。チョコレートがエネルギーと活力の源となるという点においては、モンテスマの考えは正しかったわけである。

ナポレオンもまた、即席の活力源としてチョコレートを愛好していて、戦場には必ず持参したと伝えられている。今日では、チョコレートはアメリカや旧ソ連の宇宙旅行にもお供をして[24)]いるし、サー・エドマンド・ヒラリー[25)]とともにエベレスト山頂にも登っているのである。

한자의 読み方

主役(しゅやく) : 주역
胸(むね) : 가슴
贈(おく)る : 주다, 보내다
恋(こい)の味(あじ) : 사랑의 맛
歴史(れきし) : 역사
従業員(じゅうぎょういん) : 종업원
逮捕(たいほ) : 체포
製法(せいほう) : 제법, 제조 방법
小国(しょうこく) : 국토가 작은 나라, 소국
最高機密(さいこう-きみつ) : 최고 기밀
門外不出(もんがい-ふしゅつ) : 문외불출, 문밖에 내보내지 않음
40種類(よんじゅう-しゅるい) : 40종류
ソ連(れん) : 구(旧) 소련, 구 소비에트 연방, 러시아
売渡(うりわた)す : 팔아넘기다, 매도하다
行為(こうい) : 행위
軍事機密(ぐんじきみつ) : 군사기밀
洩(も)らす : 새게 하다, 누설하다
深刻(しんこく) : 심각
戦争(せんそう) : 전쟁
誇(ほこ)る : 자랑하다, 뽐내다
外貨(がいか) : 외화
稼(かせ)ぐ : 수입을 얻다, 벌다
卑劣(ひれつ)だ : 비열하다
裏切(うらぎ)り行為(こうい) : 배신 행위
前列(ぜんれつ) : 선례
征服者(せいふくしゃ) : 정복자
帝国(ていこく) : 제국
宮廷(きゅうてい) : 궁정

自国(じこく) : 자국
皇帝(こうてい) : 황제
歓迎(かんげい) : 환영
媚薬(びやく) : 미약, 최음제
~に際(さい)して : ~에 즈음하여, ~에 임하여
乾杯(かんぱい) : 건배
製造過程(せいぞうかてい) : 제조 과정
見学(けんがく) : 견학
許(ゆる)す : 용서하다
褐色(かっしょく) : 갈색
普通(ふつう) : 보통
苦(にが)い汁(しる) : 쓴 즙
黄金(こがね) : 황금
飲(の)み干(ほ)す : 다 마시다
源(みなもと) : 원천, 근원
栄養学者(えいようーがくしゃ) : 영양학자
分析(ぶんせき) : 분석
炭水化物(たんすいかぶつ) : 탄수화물
脂肪(しぼう) : 지방
蛋白質(たんぱくしつ) : 단백질
即席(そくせき) : 즉석
鉄分(てつぶん) : 철분
活力(かつりょく) : 활력
正(ただ)しい : 옳다
活力源(かつりょくげん) : 활력원
愛好(あいこう) : 애호, 좋아함
戦場(せんじょう) : 전장, 싸움터
持参(じさん) : 지참
宇宙旅行(うちゅうりょこう) : 우주 여행
お供(とも)する : 동행하다, 수행하다
山頂(さんちょう) : 산 정상

중요어구

1 ときめく : 가슴이 설레다, 가슴이 두근거리다 [= 喜びや期待などで胸がどきどきする、心が躍(おど)る、「めく」は接尾語]

▶ 入学(にゅうがく)の喜(よろこ)びに胸(むね)がときめく。
입학의 기쁨에 가슴이 설레다.

▶ 歌手としてはもちろんなのだが、時おり見せるショー・ガールとしての一面に胸がときめく。

가수로서는 물론이지만, 가끔 보여주는 쇼걸로서의 또 다른 면에 가슴이 두근거린다.

▶ 思うだに2)ときめいてくる。생각만 하여도 가슴이 설렌다.

2 バレンタイン・デー(= Valentine Day) : 발렌 타인 · 데이 [= 2月14日. 270年ごろローマで殉教(じゅんきょう)したテルニーの主教聖バレンティヌスの記念日。ローマの異教(いきょう)の祭りと結びついて女性が男性に愛を告白(こくはく)する日とされるようになり、日本ではチョコレートを贈る風習がある。270년즈음 로마에서 순교한 테르니의 주교성 바렌티누스의 기념일. 로마의 이교의 축제와 결합되어 여성이 남성에게 사랑을 고백하는 날로 여겨 일본에서는 초콜릿을 주는 풍습이 있다.]

3 さる : (연체) 그러한, 어떤, 어느, 모(某) [= 文語「さり」의 連体形에서 옴. そのような、ある、とある]

---

2) だに : (부조사)

1. 『문어』《여러 가지 말에 붙어》 정도가 심한 예를 드는 데 씀
2. 〈흔히, 否定語가 따르며〉 …까지도, …조차
   ▶ 我身(わがみ)だに知(し)らざりしを、いかでか人に知(し)らるべき。
   나조차 몰랐는데, 어찌 남에게 알려지리오.
3. 〈흔히, 조건을 나타내는 구(句)에 쓰여〉 하다못해 … 만이라도
   ▶ 母だに世(よ)にあらば。
   하다못해 어머니라도 살아 있다면.
4. 〈사소한 사태를 나타내는 문장에 붙어〉 … 만 하여도
   ▶ 聞(き)くだに寒(さむ)き冬の雨。
   듣기만 하여도 추운 겨울비.
   ▶ 思(おも)うだにときめいてくる。
   생각만 하여도 가슴이 설렌다.

▸ さる事情(じじょう)があって。

그러한 사정이 있어.

▸ さる所(ところ)に。

어떤 곳에.

4 門外不出(もんがい-ふしゅつ)：문외불출, 문밖에 내보내지 않음 [= 貴重な芸術品などでめったに他人に見せたり貸したりせず秘蔵(ひぞう)すること、また、その物]

▸ 門外不出! 美味しいそばつゆの作り方。

문외불출! 맛있는 소바 국물 만드는 방법.

▸ 中国で国家秘密とされる門外不出の技(わざ)。

중국에서 국가비밀로 여겨지는 비장의 기술.

▸ シチリア島の門外不出のキャンドルアート。

시칠리아 섬 문외불출의 촛불아트.

5 売(う)り渡(わた)す：팔아넘기다, 매도하다 [= 自分の所有物(しょゆうぶつ)を売って他の人に渡す]

▸ 今しがた買った穀物(こくもつ)をその場で売り渡す。

조금 전 산 곡물을 그 자리에서 되팔다.

▸ 彼は収集(しゅうしゅう)した美術品を5千万円で画商(がしょう)に売り渡した。

그는 수집 한 미술품을 5천만엔에 미술품 상인에게에 팔아 넘겼다.

▶ 彼は仲間(なかま)を警察に売り渡した。

그는 동료를 경찰에 팔아 넘겼다.

6 洩(も)らす：흘러나오게 하다, 누설하다 [= 秘密や隠(かく)していることを知らせる、漏(も)らす]

▶ 胸の秘(ひ)め事を母に洩らす。

가슴속의 비밀을 어머니에게 말하다.

▶ その秘密はだれにも漏らしてはならない。

그 비밀은 누구에게도 누설하면 안 된다.

▶ 彼女は実の娘ではないと彼は私に漏らした。

그녀는 친딸이 아니라고 그는 나에게 터놓았다.

▶ 一言(ひとこと)も聞きもらすまいと記者(きしゃ)たちはそれこそ全身(ぜんしん)を耳(みみ)にしてメモをとっていた。

한 마디도 놓치지 않으려고 기자들은 그야말로 귀를 쫑긋 세워 메모하고 있었다.

7 というのは：(연어) 그렇다고 하는 것은, 왜냐하면 [= 語または文などを取り上げそれについての説明や意義などをあとに述べることを示す、そのわけは、その理由は]

▶ 彼はきっと気にしないよ。というのは、彼に聞いたのはこの僕なんだから。

그는 분명히 신경 안 쓸 거야. 왜냐하면 그에게 직접 내가 물어 봤으니까.

▶ 遅い時間に違いない。というのはここに長いこといるから。

늦은 시간임에 틀림없다. 왜냐하면 여기에 오래 있었기 때문에.

8 稼(かせ)ぐ : 수입을 얻다, 벌다, 부지런히 일하다, (경기 등에서) 득점하다 [= 働いてお金を得る、試合などで得点(とくてん)をあげる]

▶ 要(よう)は、働(はたら)いてお金を稼ぐことだ。

중요한 것은 일을 해서 돈을 버는 것이다.

▶ お金を稼ぐことはアートだ。働くこともアートだ。良い仕事がすべてにおいて一番のアートだ。

돈을 버는 것은 예술이고, 일하는 것도 예술이다. 훌륭한 일이야말로 가장 뛰어난 예술이다.

▶ 彼は聞こえないふりをして時間を稼ごうとした。

그는 들리지 않는 척하며 시간을 벌려고 했다.

▶ 次のラウンドで一点(いってん)かせぐつもりだ。

다음 라운드에서 1점 딸 작정이다.

9 ひもとく(紐解く · 繙く) : (他) 책을 펴서 읽다, 독서하다, (自) 꽃봉오리가 벌어지다 [= 書物の帙(ちつ)のひもを解く意、書物(しょもつ)を開(ひら)く、本を読む。read a book]

▸ 文(ふみ)をひもとく。책을 펼치다(읽다).

▸ 書物(しょもつ)をひもとく。책을 펼치다(읽다).

▸ 史書(ししょ)を繙(ひもと)く。사서를 펴서 읽다.

▸ 古典(こてん)を紐解(ひもと)く。고전을 읽다.

▸ 漢籍(かんせき)を繙(ひもと)く。한문 서적을 읽다.

▸ 二千年の中日関係史をひもといてみると、重大な曲折(きょくせつ)があったとはいえ[3]、善隣友好(ぜんりん-ゆうこう)はやはり主流(しゅりゅう)をなしています。

2천년 중일 관계사를 펴 보면, 중대한 곡절이 있기는 하나 선린우호는 역시 주류를 이루고 있습니다.

▸ ここの梅は、山間部で華やかさも無く、観光地と言うにはいささか寂しいが、歴史を紐解くと色々と面白いこともあるところである。

여기의 매화는, 산간의 화려함도 없고, 관광지라 하기에 좀 쓸쓸하지만, 역사를 펼쳐보면 여러 가지 재미나는 것도 있다.

▸ 梅(うめ)が紐解(ひもと)く。매화가 피다.

---

10 裏切(うらぎ)り : 배신, 배반, 적과의 내통 [= うらぎること、味方(みかた)を捨てて敵方(てきがた)についたり、約束·期待に背(そむ)いたりすること。a betrayal]

▸ 他の人はそれを裏切りとみなした。

다른 사람들은 그것을 배반으로 여겼다.

▸ 同志(どうし)の裏切りに激憤(げきふん)する。

3) ~とはいえ : (연어)~라고는 하나, ~라 하더라도 (~とはいうものの)

동지의 배반에 격분하다.

▶ 彼の裏切りのため我々の友情(ゆうじょう)もおさらばになった。

그의 배신 때문에 우리들의 우정도 끝이 났다.

▶ 念(ねん)には念を入れてくさびを差(さ)しておいたら、よもや裏切りなどということはあるまい。

확실하게 당부를 해 둔다면, 설마 배신 같은 일은 없을 것이다.

11 そもそも : (N) 처음, 시작, 발단, (접) 대저, 도대체 [=最初、発端(ほったん)、副詞的にも用いる、改(あらた)めて説(と)き起(お)こすときに用いる語、いったい、だいたい]

▶ そもそも事の起(お)こりは、二人のささいなけんかだった。

원래 일의 발단은 두 사람의 사소한 싸움이었다.

▶ そもそもの馴初(なれそ)めはあのテニスコートであった。

처음 친해진 계기는 그 테니스 코트에서였다.

▶ そもそも君はなぜワシントンにやって来たのか。

도대체 무슨 일로 워싱턴에 오게 되었니?

▶ そもそも私に何をさせようとしているのか。

도대체 나에게 무엇을 시키려고 하는 것인가?

12 エルナン・コルテス(= Cortes·Hernan) : 에르난・코르테스 [= 1485～1547, スペインのコンキスタドール、初代バジェ·デ·オアハカ侯爵(こうしゃく)。에스파냐인으로 멕시코 정복자, 1519년 아메리카 대륙의 탐험을 명받고 그해 2월 배 11척, 군인 500명과 함께 출발, 1520년 황금으로 가득 찬 아스텍왕국에 대한 정보를 입수하고 왕국을 정복하기 위해 진군 점령함]

[그림-6] エルナン・コルテス

13 アステカ(= Azteca)帝国(ていこく) : 아스테카 제국 [= 1428年頃から1521年まで、 北米のメキシコ中央部に栄(さか)えたメソアメリカ文明の王国。言語はナワトル語。지금의멕시코 지역에 존재하던 제국. 1200년 톨텍족이 멸망하고 수도였던 툴라가 폐허로 변해, 북방에 살던 민족들이 멕시코로 이주하여 현재의 멕시코시티에 수도를 건설한 것이 아스테카 문명의 시작임. 1519년에 스파냐인 코르테스에 의해 멸망함]

[그림-7]

14 モンテスマ二世(= Moctezuma II) : 몬테스마 2세 [= 在位1502~1520年。ナワトル語で「若き君主」という意味を持つショコヨツィン(Xocoyotzin)の名でも呼ばれる。고대 멕시코의 황제. 에스파냐의 멕시코 침략 시, 아스텍왕국의 지배자임. 재판소 개혁, 공공건축물 건조, 병원을 신설함. 코르테스의 상륙 후 간계에 빠져 포로가 됨]

[그림-8]

15 ガード(= guard) : 가드, 감시인, 경호원, 방어 [= 見張(みは)りや護衛(ごえい)をすること、またその人]

▸ ボディーガード。보디가드, 신변 경호원.

▸ ガードを固(かた)める。방위를 단단히 하다.

▸ ガードマン(= guard man, 가드 맨, 경비원)

▸ ガードレール(= guardrail, 가드레일, 도로의 사고 방지용 철책)

▸ ガードフェンス(= guard fence, 가드 펜스, 도로의 중앙 분리대에 설치하는 방호책)

16 ～に際(さい)して : ～에 처하여, ～에 즈음하여, ～에 임하여

▸ 出発(しゅっぱつ)に際して、一言(ひとこと)申(もう)し上(あ)げたい。

출발함에 있어서 한 말씀 드리고자 한다.

▸ 卒業(そつぎょう)に際してお世話(せわ)になった先生に何かお礼(れい)がしたい。

졸업에 즈음하여 신세진 선생님께 뭔가 감사의 표시를 하고 싶다.

▸ 結婚に際して住居(じゅうきょ)の問題で悩(なや)む。

결혼에 즈음하여 주거 문제로 고민하다.

▸ 彼女はその映画製作に際しての自分自身の道徳上(どうとくじょう)のジレンマを述べている。

그녀는 영화를 만들면서 부딪친 윤리적 딜레마에 대해 서술하고 있다.

17 チョコラトル(= chocolatl) : 초코라틀 [= 마야어로서 '따뜻함'을 뜻하는 초코(choco)에 '액체'를 뜻하는 아틀(atl)이 붙어 초코아틀(chocoatl), 그 뒤 초코라틀(chocolatl)이 되었다고 함. 즉, 초코라틀은 액체 상태인 '초콜릿'을 의미함.]

[그림-9]

18 ハーレム(= harem) : 하렘 [= イスラム社会における女性の居室(きょしつ)。原義は「禁(きん)じられた場所」という意味で男性はその場所にいる女性の夫·子や親族以外、立(た)ち入(い)りが禁じられていたことから生まれた名称。이슬람사회에 있어서의 여성의 거실. 원래의 의미는 금지된 장소라는 뜻으로, 남성은 그 곳의 여성의 남편이나 자식 그리고 친족 이외의 출입이 금지되고 있던 것에서 생겨난 명칭]

▶ ハーレムは誰でも入って行くことができない。

하렘은 아무나 들어갈 수 없다.

19 なみなみ(と) : 찰랑찰랑, 가득히, 자란자란, 남실남실 [= 물 따위가 넘칠 듯이 가득 찬 모양. 容器(ようき)にあふれるほどいっぱいにあるさま。 to the brim]

▸ 彼女はウィスキーをもう1杯なみなみと注(つ)いだ。
그녀는 위스키를 또 한 잔 가득 따랐다.
▸ バケツに水をなみなみ(と)入れて持って来た。
양동이에 물을 가득 담아 가지고 왔다.
▸ 人生とは、運命がなみなみと注がれている盃(さかずき)である。
인생이란, 운명이 찰랑찰랑 흘러들고 있는 잔이다.

20 飲(の)みほす : 다 마시다 [= 器(うつわ)に入った飲み物を一滴(いってき)も残さずに飲む。 gulp down. drink off]

▸ 2杯目(にはいめ)のドリンクも飲みほした頃にやっと、 1品目(いっぴんもく、ひとひんもく)のお料理が出てきました。
두 잔째 음료까지 다 마셨을 때 겨우 한 가지 요리가 나왔습니다.
▸ 母乳(ぼにゅう)が入ったカップに頭を突っ込み、お代(か)わりして夢中で飲みほした。
모유가 든 컵에 머리를 처박고 한 그릇 더 정신없이 다 먹어버렸다.

cf) ほす(干す・乾す) : 바닥이 드러나도록 하다, 비우다, 말리다, 굶기다
▸ せんたくものをほす。 세탁물을 말리다
▸ さかなをほす。 생선을 말리다.
▸ プールの水をほす。 수영장의 물을 빼다.

▸ 杯(さかずき)をほす。잔을 비우다.

▸ 胃(い)をほす。위를 비우다.

21 源(みなもと) : 수원, 근원, 기원 [= 物事(ものごと)の起こりはじめるもと、水源(すいげん)、起源(きげん)、根源(こんげん)。the source, the origin]

▸ その川の源は諏訪湖(すわこ)である。

그 강의 수원은 스와 호수이다.

▸ 感謝は最大(さいだい)の徳(とく)であるだけでなく、すべての徳の源でもある。

감사하는 마음은 최고의 미덕일 뿐 아니라, 모든 미덕의 근원이다.

▸ 富(とみ)は贅沢(ぜいたく)と怠惰(たいだ)の源であり、貧困(ひんこん)は卑(いや)しさと敵意(てきい)の源である。

부는 사치와 게으름의 원천이고, 가난은 비열함과 적대심의 원천이다.

22 媚薬(びやく) : 미약, 최음제 [= 狭義(きょうぎ)には催淫剤(さいいんざい)と呼ばれ、勃起不全(ぼっき-ふぜん)の治療に使われる薬を言い、広義(こうぎ)には性欲(せいよく)を高める薬、恋愛感情(れんあい-かんじょう)を起こさせるような薬を言う。惚(ほ)れ薬(ぐすり)とも称(しょう)される。a love potion

23 リボフラボン(= Riboflavin) : 리보플라빈 [= ビタミンB2とも呼ばれ、ビタミンの中で水溶性(すいようせい)ビタミンに分類される生理活性(せいりかっせい)物質だ。비타민B2라고도 부르며, 비타민 중에서 수용성 비타민으로 분류되는 생리활성물질]

▶ リボフラボンは成長促進(せいちょう-そくしん)、皮膚(ひふ)·髪(かみ)の健康を保(たも)つし、口内炎(こうないえん)を治(なお)すし、眼の疲労(ひろう)を軽減(けいげん)する。

리보플라빈은 성장촉진, 피부·머리카락의 건강을 유지하고, 구내염을 치료하고 눈의 피로를 경감한다.

24 お供(とも)する : 동행하다, 수행하다, 모시다 [= つれだつ、目上(めうえ)の人を案内して目的地までご案内する。go along with, accompany]

▶ 課長、私がお供いたします。

과장님, 제가 동행하겠습니다.

▶ 先生をお宅までお供していく。

선생님을 댁까지 모셔 가다.

25 サー・エドマンド・ヒラリー(= Sir Edmund Percival Hillary) : 에드먼드·퍼시벌·힐러리 [= 1919~2008、ニュージーランドのオークランド出身の登山家(とざんか)、 冒険家(ぼうけんか)である。1953年5月9日午前11時半、 世界最高峰(さいこうほう)のエベレストに、 世界で最初に登頂(とちょう)に成功した。 存命中(ぞんめいちゅう)よりニュージーランドの銀行券5ドル紙幣(しへい)の肖像(しょうぞう)に採用(さいよう)されていたこともある。(뉴질랜드 오클랜드 출신, 등산가, 탐험가. 1953년 5월 29일 오전 11시반 세계 최고봉 에베레스트산(8,848m)을 최초 등정에 성공. 생존 시부터 뉴질랜드의 은행권 5달러 지폐에 초상으로 쓰이기도 함]

[그림-10]

2-2

《科学的な実験》 さらにうれしいことに、科学的な実験の結果、チョコレートがにきび[26]の原因になったり、それを悪化させたりする“悪者”ではないことも証明されている。しかも、ニューヨーク州ロチェスター[27]にあるイーストマン・デンタル・センター[28]の研究によると、ミルク・チョコレートやチョコレート・チップ・クッキー[29]には、蛋白質、カルシウム、リン酸塩[30]、およびその他のミネラルが多く含まれていて、ほかのスナック菓子ほど、歯のエナメル質[31]を傷め[32]ないという結果も出ている。

この苦い飲み物は、コルテスがスペインに持ち帰った当初、あまり歓迎されなかった。ところが、これに砂糖が加えられるようになってからというもの、広く人々に愛好されるようになった。スペイン人はその栽培技術と製造法が外部に洩れる[33]のを極力[34]防いで[35]いたものの[36]、1606年、ついにこの独占権は破られることになった。フィレンツェ[37]のアントニオ・カルロッティ[38]によって、チョコレートの製法がイタリアにもたらされたのである。そして、いったんイタリアに紹介されてからは、次々[39]と各国にひろまっていった — もっとも、その値段は目の玉が飛び出るほど[40]

高かったけれど。

この飲み物に初めてミルクを加えたのはイギリス人で、1763年までには、チョコレートはイギリスの一般大衆の間で大変な人気を得ていた。そのため、ビールやエール[41)]のメーカーは、チョコレートの製造を規制する法律をつくるよう当局に要請したほどであった。アメリカで初めてチョコレート工場が造られたのは1765年のことである。

한자의 読み方

実験(じっけん)：실험
原因(げんいん)：원인
悪化(あっか)：악화
悪者(わるもの)：나쁜 놈, 악인
証明(しょうめい)：증명
リン酸塩(さんえん)：인산염
傷(いた)める：고통을 주다, 상하다
砂糖(さとう)：설탕
愛好(あいこう)：애호, 좋아함
栽培技術(さいばい–ぎじゅつ)：재배 기술
製造法(せいぞう–ほう)：제조법
外部(がいぶ)：외부
洩(も)れる：누설되다
極力(きょくりょく)：극력
防(ふせ)ぐ：막다, 방지하다
独占権(どくせん–けん)：독점권
破(やぶ)る：부수다, 깨뜨리다
目(め)の玉(たま)：눈알
飛(と)び出(で)る：튀어나오다
一般大衆(いっぱん–たいしゅう)：일반대중
規制(きせい)：규제
法律(ほうりつ)：법률
要請(ようせい)：요청
造(つく)る：만들다

중요어구

26 にきび(面皰) : 여드름

▶ 顔ににきびがぶつぶつ出来る。

얼굴에 여드름이 도톨도톨 생기다.

▶ 多くの子供たちがにきびに悩み、思春期の不安を抱いている。

많은 아이들이 여드름에 고민하고 사춘기의 불안을 안고 있다.

27 ロチェスター(= Rochester) : 로체스터 [= アメリカ合衆国ニューヨーク州北西部、オンタリオ湖岸(こがん)に位置する都市。人口は210,565人。アメリカ合衆国統計局によると、ロチェスター市は総面積(そうめんせき)96.1km^2]

28 イーストマン·デンタル·センター(= Eastman Dental Center) : 이스트맨 덴탈 센터 [= ロチェスターに位置するデンタルセンター。 1901年ロチェスター歯科医師会が創設した無料歯科診療所はその後発展して1915年イーストマン·デンタル·センターとなった。ロンドン、ローマ、ブルッセル、ストックホルム等にも設立した]

29 チョコレート·チップ·クッキー(= Chocolate Chip Cookie) : 초콜릿 칩 쿠키 [= チョコチップは細(こま)かく砕(くだ)いて作られる小粒(こつぶ)のチョコレートである。 チョコチップクッキーは1933年にマサチューセッツ州ホイットマンに住むルース·ウェイクフィールド(Ruth Wakefield)が、 チョコレートを棒状(ぼうじょう)に固(かた)めたものを細かく切ってチョコチップを作り、クッキーの生地(きじ)に加えたことに始まる。초콜릿 칩은 잘게 부수어 만들어지는 소립의 초콜릿이다. 초콜릿 칩 쿠키는 1933년에 매사추세츠 휘트먼에 사는 루스 웨이크 필드가 초콜릿을 막대 모양으로 굳힌 것을 잘게 썰어 초콜릿 칩을 만들어 쿠키 재료로 보탠 것에서 시작되었다]

30 リン酸塩(さんえん)(= Phosphate) : 인산염 [= 1個のリンと4個の酸素(さんそ)から構成される多原子(たげんし)イオン。食品添加物(しょくひんてんかぶつ)としても使用される。한 개의 인과4개의 산소로 구성되는 다원자 이온에서 형성되는 물질. 식품첨가물로도 사용됨]

31 エナメル質(しつ)(= Enamel of Teeth) : 에나멜 재질 [= 歯の歯冠(しかん)の最表層(さいひょうそう)にある、 生体(せいたい)で最も硬(かた)い硬組織(こうそしき)。치아 치관의 가장 표층에 있는 생체에서 가장 딱딱한 경조직]

32 傷(いた)める : 고통을 주다, 당하다, 상하다 [= からだを傷(きず)つける、 痛(いた)くする、 精神的に苦痛(くつう)を与(あた)える、悩(なや)ます、責(せ)める、腐(くさ)る]

- 実の熟(じゅく)したら傷めないように気をつけて木から切(き)り取(と)る。
  열매가 열리면 상하지 않도록 조심해서 나무에서 딴다.
- 女性は研磨性(けんませい)のクリーナーを使いすぎて皮膚(ひふ)を傷めることもある。
  여자들은 가끔 연마 클렌저를 과도하게 사용해서 피부를 상하게 하기도 한다.
- 高校生になると大学の進学問題で頭を傷める。
  고등학생이 되면 대학 진학 문제로 머리를 썩인다.

33 洩(も)れる : 새다, 누설되다, 누락되다, 탈락하다 [= 液体(えきたい)などがすきまから外へ出る、 秘密(ひみつ)などが他(ほか)に知れる、漏(も)れる]

- 試験問題がもれるという不祥事(ふしょうじ)。
  시험문제가 새어 나가는 불상사.
- カーテンの隙間(すきま)から明(あ)かりが洩れている。
  커튼 사이에서 빛이 새나오고 있다.
- 秘密がもれる。
  비밀이 누설되다.
- 名前(なまえ)が名簿(めいぼ)からもれる。
  이름이 명단에서 누락되다.

34 極力(きょくりょく) : 힘껏, 사력을 다해 [= 力の限(かぎ)りを尽(つ)くすさま、できる限り。do one's utmost]

- ▶ 極力争(あらそ)いを避(さ)ける。

  사력을 다해 싸움을 피하다.

- ▶ 極力試(こころ)みたが失敗(しっぱい)に終わった。

  사력을 다해 시도해 보았으나 실패로 끝났다.

- ▶ 会社の営業成績(えいぎょう-せいせき)を上(あ)げるよう極力努力する。

  회사의 영업성적을 올리도록 힘껏 노력한다.

35 防(ふせ)ぐ : 막다, 방어하다, 방지하다 [= 敵(てき)の攻撃(こうげき)を抑(おさ)える、敵に侵害(しんがい)されないようにする、防御(ぼうぎょ)する、防止(ぼうし)する。defend, keep away]

- ▶ 泥棒(どろぼう)を防ぐために戸締(とじま)りをする。

  도둑을 막기 위해 문단속을 하다.

- ▶ 子供の非行(ひこう)は早期(そうき)に防ぐように、学校も家庭(かてい)も努力(どりょく)するべきだ。

  아이의 비행은 조기에 방지하도록 학교에서도 가정에서도 노력해야한다.

- ▶ しょう油の味が変わるのを防ぐために1年たったしょう油を煮詰(につ)める。

  간장맛이 변질되는 것을 방지하기 위해 일 년이 지난 간장을 바짝 졸인다.

36 ～ものの：(접속조사) ～하기는 하였으나 [= 역접의 확정 조건, 대립·모순되는 관계. ～けれども、～とはいえ]

▶ 習いはしたものの、すっかり忘れてしまった。
배우기는 했지만 완전히 잊어버렸다.

▶ 新機軸(しん-きじく)を打ち出したものの、採用はされなかった。
지금까지 없었던 새로운 방법을 창출했지만 채용은 되지 않았다.

▶ かわいそうとは思うものの、その行為(こうい)は許せなかった。
불쌍하다고 생각하였으나, 그 행위는 용서할 수 없었다.

▶ 自信はあったものの、やはり落(お)ち着(つ)かなかった。
자신은 있었으나 역시 마음이 안 놓였다.

37 フィレンツェ(= Firenze)：피렌체 [= イタリアのトスカーナ州フィレンツェ県に属(ぞく)する人口36万人の都市。トスカーナ州の州都(しゅう-と)、フィレンツェ県の県庁所在地(けんちょう-しょざいち)であり、近郊(きんこう)の人口は約20万人。1986年の欧州文化首都に選ばれた。이탈리아 중부의 도시. 르네상스의 중심이 되었던 곳. 아르노(Arno) 강에 임한 철도의 요지로, 역사 깊은 건물들이 많은 예술 관광도시]

38 アントニオ・カルロッティ(= Antonio Carretti)：안토니오·칼로티 [= 초콜릿을 이탈리아에 전파한 인물. 1606년 피렌체의 상인, 그의 견문록에는 카카오 재배부터 가공, 몰리니요(Mollnillo, 커피 가는 기계)사용법까지 상세하게 기록되어 있음]

39 次々(つぎつぎ) : 잇따라, 차례로, 계속하여(「~に」「~と」의 꼴)

▶ その男は次々に犯行(はんこう)を重(かさ)ねていった。

그 남자는 잇따라 범행을 거듭하고 있다.

▶ 次々と新機種(しんきしゅ)が開発(かいはつ)されるコンピューター部門(ぶもん)はもっとも変貌(へんぼう)の著(いちじる)しい分野と言えるでしょう。

계속해서 신기종이 개발되는 컴퓨터 부문은 가장 변화가 두드러지는 분야라고 말할 수 있겠지요.

40 目(め)の玉(たま)が飛(と)び出(で)るほど : 눈이 튀어나올 정도로, 심하게, 굉장히 [= (놀라거나 야단맞아서) 눈을 아주 크게 뜨는 모양, 目玉(めだま)が飛び出るほど、びっくりして目を非常に大きく見開(みひら)くほど]

▶ 目の玉が飛び出るほど驚いた。

눈이 튀어나올 정도로 놀랐다.

▶ 目の玉が飛び出るほどしかられた。

심하게 야단맞았다.

▶ ドイツでは和食(わしょく)は目の玉が飛び出るほど高いです。

독일에서 일식은 굉장히 비쌉니다.

▶ 人参(にんじん)は目の玉が飛び出るほど高価(こうか)だが、イワシは安い。

인삼은 놀라울 정도로 비싸지만 정어리는 싸다.

41 エール(= Ale) : 에일, 영국의 전통 맥주 [= 英国の伝統的なビール。 アルコールの度数(どすう)がやや高いものが多い。 大麦麦芽(おおむぎ-ばくが)を使用し、 酵母(こうぼ)を常温で短期間で発酵(はっこう)させ、 複雑な香(かおり)とフルーティーな味を生み出したビールのスタイルである。 알코올 도수가 다소 높은 것이 많다. 대밀 맥아를 사용해서 효모를 상온에서 단기간에 발효시켜, 복잡한 향과 달콤한 맛을 내는 맥주]

[그림-11] エール

cf) ラガー(= Lager) : 라거 맥주, 거품이 많이 나는 연한 색의 맥주 [= 長期熟成(じゅくせい)ビール。ラガーは英語で、ドイツ語ではLagerungといい、ともに貯蔵(ちょぞう)を 意味する語で、 後発酵により長期間貯蔵し、 熟成 させたビールのこと。 맥주 제조의 발효 과정은 전발효와 후발효로 나눌 수 있다. 후발효를 저장이라 한다. 저장이란, 1~2 ℃의 저온으로 장기간 저장하여, 전발효에 의한 잔존 엑스를 재발효시킴으로써 발생되는 이산화탄소의 소요량을 맥주 속에 포화시킨 다음, 맥주를 맑게 숙성시키는 것이다. 이런 과정을 거쳐서 만들어진 맥주]

[그림-12]　ラガー

- 今でもイギリスやアイルランドではエール愛好家が多い。

  지금까지도 영국이나 아일랜드에서는 에일 애호가가 많다.

- ラガーが一般化するまではエールが良く作られていた。

  라거가 일반화되기 전까지는 에일이 많이 만들어졌다.

2-3

《製品になるまで》 チョコレートの魔力を語るには、まず、木の話から始めなければならない。その木は、テオブロマ(神の食べ物)・カカオ[42]という、 まさにチョコレートにふさわしい名をつけられており、アフリカの象牙海岸、ガーナ、ナイジェリア、ブラジル、メキシコ等、南緯および北緯20度以内の地によく生育する。 ほうっておけば[43]優に20メートル近くになるが、プランテーション[44]では、たいてい6メートルほどに剪定[45]してある。1年じゅう花の絶えることがなく、多いときには、年間を通じて10万個ほどの淡い[46]黄色や薄桃色[47]の花を咲かせ続ける。

しかし、チョコレート・メーカーのお目当て[48]は花ではなく、「ポッド[49]」と呼ばれる堅い殻に包まれた果実である。年2回ずつ収穫ができ、40年間も実をつけ続けるものもある。熟す[50]に従って、緑から黄色になり、さらには赤い紫に変化する。殻の中には、アーモンド形の苦いカカオ豆が20個から60個入っている。 1ポンド[51]のチョコレートをつくるのに、このカカオ豆が400個ほど必要なのだが、残念ながら、一本の木から、1年に20から30ポッドしか採れないのである。カカオ豆の世界総生産量は、年間約160万トンであるが、需要があまりにも多いため、これだけの量でも金額にすると30億ドルになるのである。

한자의 読み方

製品(せいひん) : 제품
魔力(まりょく) : 마력
語(かた)る : 말하다
神(かみ) : 신
象牙海岸(ぞうげかいがん) : 상아해안
南緯(なんい) : 남위
北緯(ほくい) : 북위
生育(せいいく)する : 성장하다
優(ゆう)に : 넉넉히, 충분히
剪定(せんてい) : 가지치기
絶(た)える : 끊어지다, 없어지다
通(つう)じる : 통하다
~個(こ) : ~개
淡(あわ)い : 엷다
黄色(きいろ) : 노란색
薄桃色(うすももいろ) : 연한 분홍색
目当(めあ)て : 목적
堅(かた)い殻(から) : 단단한 껍데기
果実(かじつ) : 과실
収穫(しゅうかく) : 수확
熟(じゅく)す : (과일이) 익다
緑(みどり) : 녹색
紫(むらさき) : 보라
残念(ざんねん)ながら : 안타깝지만
採(と)る : 채집하다, (열매 등을) 따다
総生産量(そう-せいさんりょう) : 총생산량
需要(じゅよう) : 수요
金額(きんがく) : 금액
30億(さんじゅうおく)ドル : 30억 달러

중요어구

42 テオブロマ・カカオ(= Theobroma cacao) : 테오브로마 카카오

[= 1753年、カルル·フォン·リンネというスウェーデンの科学者が、カカオの木の学名をテオブロマ·カカオと名付けた。テオブロマとは、theos(神)とbrom(食べ物)というギリシャ語を合わせたもの。1753년 칼 폰 린네(Carl von Linné)라는 스웨덴의 과학자가 카카오 나무의 학명을 테오브로마 · 카카오라고 이름 붙였다. 테오로마는 신과 음식이라는 그리스어를 합친 말]

43 ほうっておく(放っておく) : 내버려두다, 방치해두다

▸ 泣(な)いてもほうっておく。

울어도 내버려 두다.

▸ ほうっておくと命取(いのちと)りになる。

방치해 두면 생명이 위태롭다.

▸ 心配(しんぱい)でほうってはおけない。

걱정이 되어 내버려 둘 수는 없다.

▸ あの連中(れんちゅう)の無作法(ぶさほう)をそのままほうっておけない。

그 일당의 무례한 행동을 그대로는 내버려둘 수 없다.

cf) ほうる(放る, 抛る) : 멀리 내던지다, 아낌없이 바치다, 포기하다 [= 遠くへ投(な)げる、途中でやめる、あきらめて放棄(ほうき)する。throw]

▸ 相手(あいて)を土俵(どひょう)にほうる。

상대를 씨름판에 내던지다.

▶ 全身(ぜんしん)をほうって愛着(あいちゃく)する。

온몸을 다 바쳐 애착하다.

▶ 司法(しほう)試験をほうる。

사법시험을 포기하다.

44 プランテーション(= plantation) : 플랜테이션, 대농원 [= 近世植民制度から始まった前近代的農業大企業およびその大農園(だいのうえん)。栽植(さいしょく)企業、栽植農園。근세 식민제도에서 시작된 전근대적 농업 대기업 또는 그 대농원. 재식기업, 재식농원]

[그림-13]

▶ コーヒー、天然(てんねん)ゴム、サトウキビ、ヤシ、綿花(めんか)その他果物全般などがプランテーション作物(さくぶつ)して良く知られている。

커피, 천연고무, 사탕수수, 야자나무, 면화 그 외 과일 전반 등이 대농원 작물로 잘 알려져 있다.

▶ プランテーション農業に多くの労働力(ろうどうりょく)を費(つい)やしてしまうため、逆に食料難(なん)になってしまうこともある。

대농원 농업에는 많은 노동력을 소비하기 때문에, 역으로 식량난이 일어난 적도 있다.

45 剪定(せんてい) : 전정, 가지치기 [= 樹木(じゅもく)の生育(せいいく)や結実(けつじつ)を調整(ちょうせい)したり、 樹形(じゅけい)を整(ととの)えたりするため、 枝(えだ)の一部を切り取ること。나무의 성장과 결실을 조정하거나 나무의 형태를 다듬기위해 가지의 일부를 자르는 것. prune]

- ▶ 植木(うえき)の剪定ならお任せ下さい。
  정원수의 가지치기라면 맡겨주세요.
- ▶ 落葉樹(らくようじゅ)は、葉が落ちて休眠期(きゅうみんき)に入った時期(12月 ~ 3月)は剪定による影響(えいきょう)が少ないので大きな剪定も可能です。
  낙엽수는 입이 떨어지고 휴면기에 들어간 시기(12월~3월)는 가지치기에 의한 영향이 적기 때문에 큰 가지치기도 가능합니다.

46 淡(あわ)い : 진하지 않다, 엷다, 희미하다 [= ↔ 濃(こ)い。色、味などが薄(うす)い、かすかな。light, slight]

- ▶ 淡いピンク色(いろ)。
  연한 핑크색.
- ▶ 淡い冬の日差(ひざ)し。
  연한 겨울 햇살.

▶ この春は淡いピンクやブルーなどの明(あか)るい色がはやるそうだ。

이번 봄은 연분홍과 파랑 등 밝은 색이 유행이라고 한다.

▶ あわい期待(きたい)。

희미한 기대.

47 薄桃色(うす-ももいろ) : 연한 분홍빛, 연분홍빛 [= 薄(うす)い+桃色(ももいろ)]

▶ 彼女のほおは薄く桃色に染(そ)まっていた。

그녀의 볼은 연한 분홍빛으로 물들어 있었다.

▶ 見事(みごと)に薄桃色の桜が満開(まんかい)となる。

연분홍빛의 벚꽃이 멋지게 활짝 핀다.

▶ 海は薄桃色に、空は血のように赤くなる。

바다는 연분홍빛으로 하늘은 붉은 핏빛으로 바뀐다.

48 目当(めあ)て : 노리는 것, 목적, 목표, 표적 [= 目印(めじるし)、目的(もくてき), ねらい。a mark, a purpose]

▶ 礼金(れいきん)目当ての親切(しんせつ)。

사례금을 목적으로 하는 친절.

▶ 北極星(ほっきょくせい)を目当てに歩いた。

북극성을 목표로 걸었다.

▶ 彼は何の目当てもなく家を飛(と)び出(だ)し、ニューヨークに来た。

그는 어떤 목적도 없이 집을 나와 뉴욕에 왔다.

49 ポッド(= pod) : 콩깍지, 꼬투리 [= 豆の莢(さや)、マメ科植物の種子(しゅし)を包んでいる殻(から)。seed vessel]

- カカオポッドからカカオ豆を取り出すために行うものです。
  카카오 포드에서 카카오 콩을 추려내기 위해 하는 것입니다.
- 最後は赤褐色(せきかっしょく)のざらざらした立派なカカオポッドになる。
  마지막에는 적갈색의 까칠까칠한 훌륭한 카카오 포드가 된다.

[그림-14] ポッド

50 熟(じゅく)す : (과일 등이) 익다, (기회 등이) 무르익다, 숙달되다 [= `熟(じゅく)する`의 5단化、果実などが十分に実(みの)る、熟(う)れる、熟(こな)れる。ripen, mature]

- 熟した実(み)をもぎ取(と)る。
  익은 열매를 비틀어 따다.
- トマトは赤(あか)く熟すまで取(と)ってはいけません。
  토마토는 빨갛게 익기 전에 따면 안 됩니다.

▶ 彼のわざはまだ<u>熟し</u>ていない。

그의 기술은 아직 서툴다.

---

51 ポンド(= pound) : 파운드 [= 무게의 단위(1파운드는 1온스의 16배로 약 453그램, 기호는 lb), 영국의 화폐 단위(1파운드는 1페니의 100배, 기호는 £)]

2-4

《カカオ豆》 ポッドから採り出したカカオ豆を、まず発酵させ、次いで[52)]乾燥させる。この乾燥したカカオ豆が各国のチョコレート・メーカーに出荷される。メーカーでは、カカオ豆の種類を選択し、それぞれ独自の配合でブレンドして[53)]、特徴のあるチョコレートをつくり出す(ブレンドの方法によって微妙に風味[54)]が異なってくるのは、紅茶やコーヒーの場合と同じである)。次に、豆からごみや異物を取除き[55)]、焙って[56)]から粗砕き[57)]にする。これはカカオニブ[58)]と呼ばれ、この中には純植物性脂肪であるココアバターが約50パーセントも含まれている。このカカオニブがすべてのチョコレートおよびココア製品の基[59)]となるものである。

カカオニブをさらにすりつぶしていくと、どろどろ[60)]になって、ペースト[61)]状になってくる。このペーストをそのまま型に流し込んで固めると、料理用にも使われるカカオマス[62)]が出来上がる。カカオマス以外のものの場合は、次の段階で各メーカーがそれぞれ腕を振るう[63)]ことになる。砂糖、ココアバター、そしてミルク・チョコレート用にはミルクを、独自の割合で配合するのだ。こうして出来た混合液をさらに微粒化するために、リファイナー[64]というロールですりつぶし、次にコンチェ[65]という機械に送って、何時間も — ときには何日も — かけて練り上げる[66]。

次に仕上げの工程にはいる。調温(テンパリング[67])といって、温度を調節することで、さらに生地[68]を安定させる方法だ。これが終わると、さて、いよいよ芸術的創造のときがやってくる。チョコレート液が温かいうちに、ナッツ[69]やフルーツ[70]などを浸したり[71]、あるいはそれらの上から手早く液を注いで[72]、チョコレートの"上着"を着せたりする。あるいはまた、チョコレート液をさまざまの型に流し込んで[73]いく。この型も、エンパイアステートビル[74]のミニチュア[75]からロールス・ロイス[76]まで、実にさまざま。オーストラリアのメルボルン[77]では、高さが3メートル、重さが2,035キロもあるイースター・エッグ[78]が作られたことがある。大きさでは、これが世界記録だ。

한자의 読み方

発酵(はっこう) : 발효
乾燥(かんそう) : 건조
各国(かくこく) : 각국
出荷(しゅっか) : 출하
種類(しゅるい) : 종류
選択(せんたく) : 선택
独自(どくじ) : 독자
配合(はいごう) : 배합
特徴(とくちょう) : 특징
方法(ほうほう) : 방법
微妙(びみょう)だ : 미묘하다
風味(ふうみ) : 풍미
異(こと)なる : 같지 않다, 다르다
紅茶(こうちゃ) : 홍차
異物(いぶつ) : 이물질
取(と)り除(のぞ)く : 제거하다
焙(あぶ)る : (불에 쬐어) 굽다, 말리거나 따뜻하게 하다
粗砕(あら-くだ)く : 엉성하게 부수다
基(もと) : 기초
純植物性(じゅん-しょくぶつせい) : 순식물성
脂肪(しぼう) : 지방
製品(せいひん) : 제품
流(なが)し込(こ)む : 부어넣다, 흘려 넣다
固(かた)める : 다지다, 굳히다
出来上(できあ)がる : 완성하다
腕(うで) : 팔, 솜씨
振(ふ)るう : 흔들다, 발휘하다
配合(はいごう) : 배합
混合液(こんごう-えき) : 혼합액
微粒化(びりゅう-か) : 미립화
練(ね)り上(あ)げる : 반죽하다
仕上(しあ)げ : 마무리, 완성
工程(こうてい) : 공정
調節(ちょうせつ) : 조절
生地(きじ) : 본성, 직물, 반죽
安定(あんてい) : 안정
手早(てばや)く : 재빠르게, 날렵하게
芸術的創造(げいじゅつてき-そうぞう) : 예술적 창조
温(あたた)かい : 따뜻하다
浸(ひた)す : 담그다, 흠뻑 적시다

중요어구

52 次(つ)いで : 뒤이어, 계속하여 [= 引(ひ)き続(つづ)いて、あるものの次(つぎ)に。and then, next]

▶ まずアメリカで流行(りゅうこう)し、次いで日本にも広(ひろ)まった。
먼저 미국에서 유행하고 뒤이어 일본에도 퍼졌다.

▶ 開会式(かいかいしき)が行(おこな)われ、次いで競技(きょうぎ)に入(はい)った。
개회식이 거행되고, 뒤이어 경기에 들어갔다.

53 ブレンド(= blend)する : 섞다, 혼합하다, 블랜드하다 [= (커피 등) 맛이나 향을 좋게 하기 위하여, 품종이 다른 것을 적당히 배합하는 것. 洋酒(ようしゅ)・タバコ・コーヒーなどで、種類(しゅるい)の異(こと)なったものを数種混合(すいしゅこんごう)すること] 4)

▶ コーヒー豆(まめ)をブレンドして飲んだ。
커피콩을 블랜딩해서 마셨다.

▶ 厳選(げんせん)された豆を絶妙(ぜつみょう)なバランスでブレンドした。
엄선된 콩을 절묘한 밸런스로 블랜딩했다.

4) 요리 재료를 `blend`한다는 것은, 보통 그것들을 그냥 `mix`하는 것보다 더 완전히 섞이도록 혼합하는 것, `mix`는 음식이나 재료뿐 아니라 색깔, 감정, 특질에 대하여, `blend`는 주로 요리와 관련해서 사용, 미술, 음악, 패션 등과 관련해서도 '멋지게 어우러지다'는 뜻으로 쓰임.

54 風味(ふうみ) : 풍미, 음식의 고상한 맛 [= 飲食物(いんしょくぶつ)の香(かお)りや味(あじ)わい、香味(こうみ)、味(あじ)。flavor, taste]

- 風味のある料理(りょうり)を楽(たの)しむ。
  풍미 있는 요리를 즐기다.
- レモンは紅茶に風味を添(そ)える。
  레몬은 홍차에 풍미를 더한다.
- 肉にこしょうで風味を付(つ)ける。
  고기에 후추로 풍미를 낸다.

55 取(と)り除(のぞ)く : 제거하다, 치우다, 없애다 [= 取ってなくす、とりのける。take away, remove]

- 不純物(ふじゅんぶつ)を取り除く。
  불순물을 제거하다.
- 邪魔(じゃま)な石(いし)を取り除く。
  방해되는 돌을 치우다.
- 恐怖心(きょうふしん)がすっかり取り除かれた。
  공포심이 완전히 사라져 버렸다.
- 細(こま)かいすき間(ま)を通過(つうか)させて、かすなどを取り除く。
  촘촘한 틈새기를 통과시켜 찌꺼기 등을 없앤다.

56 焙(あぶ)る : (불에 쬐어) 굽다, (불에 쬐어) 말리거나 따뜻하게 하다 [= 火(ひ)で暖(あたた)める、乾(かわ)かす、火から少し離(はな)して焼(や)く。warm, dry, pass over a flame]

- 自慢(じまん)の料理に腕を振るう。

자신 있는 요리에 솜씨를 발휘하다.

- 会社の経営(けいえい)に腕を振るう。

회사 경영에 능력을 발휘하다.

- 外交的(がいこうてき)で腕を振るう。

외교적인 수완을 발휘하다.

57 粗砕(あらくだ)き : 엉성하게 분쇄함, 대충 으깸

- 北海道のじゃがいもをあらくだきし、使いやすい少量(しょうりょう)パックにしました。

홋카이도 감자를 대충 으깨서 사용하기 쉬운 작은 팩에 담았습니다.

cf) 粗(あら)+N : (접두) 거친, 심한, 억센, 사나운 [= 細(こま)かでない, すきまがある, 自然(しぜん)のままの, おおよその, 簡略(かんりゃく)な, 未完成(みかんせい)の]

- あら野(の) 거친 들판(황야), あらかせぎ 막벌이.
- あら仕事(しごと) 막일.

▸ あら訳(やく) 미완성의 번역(= a rough translation)

▸ あら乾(かわ)きの 덜 말린(= half dry)

▸ 人生の荒波(あらなみ)を渡ってきた老人には敬意(けいい)を払うべきだ。
인생의 거친 풍파를 건너 온 노인에게는 경의를 표해야 한다.

58 カカオニブ(= cacao nibs) : 카카오 배유(胚乳)[5] [= 카카오 콩은 외피(shell), 배유(자엽, nibs), 배아(germ)로 구성되어 있는데, 초콜릿 제조에는 전체의 87%를 차지하는 배유만을 이용함. 즉, 카카오 콩을 건조한 후 볶은 다음 외피와 배아를 제거한 것을 말함]

59 基(もと) : 원료, 재료

▸ かびをもとにして作った薬。
곰팡이를 원료로 하여 만든 약.

▸ 料理のもとを仕込(しこ)む。
요리 재료를 구입하다.

5) ·배유(胚乳) : 배젖(씨앗 속에 있어서 발아하기 위한 양분을 저장하고 있는 조직), 胚(아기를 배다)
·자엽(子葉) : 씨앗의 움이 트면서 처음 나오는 싹. '떡잎'으로 순화.
·배아(胚芽) : 수정란이 배낭(胚囊) 속에서 분열 증식하여 홀씨 체의 바탕이 되는 것. 유의어 '씨눈'

60 どろどろ(泥泥) : 질척질척, 걸쭉하게 [= 濃(こ)い粘液状(ねんえきじょう)をしている様子。물체가 걸쭉하게 녹아 있는 모양, 몹시 더러워져 있는 모양. muddy, syrupy]

▸ 溶岩(ようがん)が<u>どろどろ</u>と流(なが)れ出る。

용암이 걸쭉하게 흘러나오다.

▸ メリケン粉(こ)を<u>どろどろ</u>にとく。

밀가루를 걸쭉하게 풀다.

▸ 油(あぶら)で<u>どろどろ</u>になったワイシャツ。

기름으로 얼룩덜룩해진 와이셔츠.

61 ペースト(= paste) : 페이스트, 고기나 야채 등을 갈아 으깬 식품 [= 肉·野菜などをすりつぶした食品]

▸ チョコレート<u>ペースト</u>、練(ね)りわさびや練りからしなど、多様な<u>ペースト</u>食材(しょくざい)がレディメイドの形で市販(しはん)されるようになっている。

초콜릿 페이스트, 연와사비나 연겨자 등 다양한 페이스트 식품 재료가 기성품 형태로 시판되어 있다.

62 カカオマス(= cacao mass) : 카카오 매스 [= 発酵させたカカオ豆を焙煎(ばいせん)して種皮(しゅひ)を取(と)り 除(のぞ)き、細かくすりつぶしたもの。これに砂糖(さとう)や粉乳(ふんにゅう)などを加えて練(ね)り固(かた)めるとチョコレートになる。발효시킨 카카오 콩을 볶아 껍질을 제거하고 잘게 갈아 으깬 것, 여기에 설탕이나 분유 등을 보태 굳히면 초콜릿이 됨]

▶ カカオマスには、約55%のカカオ脂肪分(しぼうぶん)が含(ふく)まれている。

카카오매스에는 약 55%의 카카오 지방분이 포함되어 있다.

63 腕(うで)を振(ふ)るう : (관용구) 자신의 솜씨, 재주를 마음껏 보여주다 [= show ones ability(talent)]

▶ 自慢(じまん)の料理に腕を振るう。

자신 있는 요리에 솜씨를 발휘하다.

▶ 会社の経営(けいえい)に腕を振るう。

회사 경영에 솜씨를 보여주다.

▶ 外交的(がいこうてき)で腕を振るう。

외교적 수완을 발휘하다.

64 リファイナー(= Refinery) : 리파이너, 정제기(錠剤機)

65 コンチェ(= Conche) : 콘체 [= チョコレート製造の際にココアバターを均一(きんいつ)に行(ゆ)き渡(わた)らせる作業、コンチングを行うための撹拌機(こうはんき)。[6] 초콜릿을 정련하는 제조 기계. 장시간 초콜릿을 반죽함으로써 독특한 향기가 생김]

▸ コンチェは1879年にスイスのロドルフ・リンツにより発明(はつめい)された。

콘체는 1879년에 스위스의 루돌프 린츠에 의해 발명되었다.

66 練(ね)り上(あ)げる : 충분히 반죽하여 만들다, 몇 번이고 다듬어 완성하다 [= 十分に練(ね)る、よく考える。well-knead, work out]

▸ 練り上げたパン生地(きじ)。

잘 반죽된 빵의 재료.

▸ この案(あん)はまだよく練り上がっていない。

이 안은 아직 잘 다듬어져 있지 않다.

67 テンパリング(= tempering) : 템퍼링, 중탕 [= チョコレートを溶(と)かして再度(さいど)固(たか)めるときにする温度調整(ちょうせい)。초콜릿을 녹이고 식히는 과정에서 초콜릿을 안정화시키는 기법으로 초콜릿이 더 부드럽고 윤이 남]

---

6) 撹拌(こうはん) : 교반, 휘저어 섞음.

68 生地(きじ) : 본성, 본바탕, 직물 [= 手を加えていないもともとの性質、布地(ぬのじ)。cloth]

- つい<u>生地</u>が出てしまう。
  그만 본성이 드러나고 말다.
- ドレスの<u>生地</u>を裁断(さいだん)する。
  드레스 감(천)을 재단하다.
- 洋服<u>生地</u>。양복감(천).

69 ナッツ(= nuts) : 너츠, 견과류 [= クルミ·アーモンドなど食用(しょくよう)になる木の実(み)]

- <u>ナッツ</u>入りチョコレート。
  견과류가 들어간 초콜릿.
- このお菓子にはいろいろな<u>ナッツ</u>が入っています。
  이 과자는 여러 견과류가 들어 있습니다.
- 彼はこの<u>ナッツ</u>を食べると発疹(はっしん)ができることがある.
  그는 이 견과류를 먹으면 발진이 일어나는 일이 있다.

[그림-15]

70 フルーツ(= fruit) : 과일 [= 果物(くだもの)、果実(かじつ)]

▸ このケーキはフルーツがたくさん入っていて美味(おい)しいです。
이 케이크는 과일이 많이 들어가 있어 맛있습니다.

▸ そのレストランのフルーツサラダは有名です。
그 레스토랑의 과일 샐러드는 유명합니다.

71 浸(ひた)す : 담그다, 흠뻑 적시다 [= 水にひたす、液体(えきたい)につける。soak]

▸ ヨードチンキをひたした綿(わた)。
요오드팅크를 적신 솜.

▸ 小川(おがわ)の水に足を浸す。
시냇물에 발을 담그다.

▸ 水道(すいどう)の水に10分ほど汚(よご)れた衣類(いるい)を浸しておいた。
수돗물에 10분정도 더러워진 옷을 담가 두었다.

72 注(そそ)ぐ : (自) 흘러들다, 쏟아지다, (他)(물 등을) 대다, (눈물을) 흘리다, 붓다, 뿌리다, 정신을 쏟다, 집중하다 [= 流れ入る、振(ふ)り掛(か)かる、注ぎ入れる、集中する。flow into, pour into, concentrate on]

▸ 川(かわ)が海(うみ)に注ぐ所(ところ)。

강물이 바다로 흘러드는 곳.

▸ 雨が降(ふ)りそそぐ。

비가 쏟아지다.

▸ 田(た)に水を注ぐ。

논에 물을 대다.

▸ 熱(あつ)い涙(なみだ)を注ぐ。

뜨거운 눈물을 흘리다.

▸ 湯呑(ゆの)みに茶を注ぐ。

찻잔에 차를 따르다.

▸ 植木(うえき)に水を注ぐ。

정원수에 물을 주다.

▸ 作者(さくしゃ)はこの十年間、ライフワークともいうべきこの大作(だいさく)に心血(しんけつ)を注いできました。

작자는 지난 10년간 필생의 사업이라고 할 대작에 심혈을 기울여 왔습니다.

73 流(なが)し込(こ)む : (물 등을) 부어 넣다, 흘려 넣다 [=流して中へ入れる、注ぎ入れる]

▸ ゼリーを型(かた)に流し込む。

젤리를 틀에 부어 넣다.

▸ 溶(と)けた鉄(てつ)を型に流し込む。

녹은 쇠를 틀에 부어 넣다.

74 エンパイアステートビル(= Empire State Building) : 엠파이어 스테이트 빌딩 [= ニューヨークの5番街(ごばんがい)にある超高層建築物(ちょうこうそう-けんちくぶつ)、地上102階、381メートル。1931年に完成]

[그림-16]

75 ミニチュア(= miniature) : 미니어처, 소형 모형 [= ミニアチュア、小型(こがた)のもの、特に精巧(せいこう)な小型模型(もけい)]

▸ 軍艦(ぐんかん)のミニチュア。

군함 미니어처.

▸ 建築(けんちく)アートでは、ビル·マンション等の建築模型から一般住宅のミニチュアハウスまで、あなたの夢の住(す)まいづくりをお手伝(てつだ)いいたします。 [広告]

건축 아트에서는, 빌딩·맨션 등의 건축 모형으로부터 일반 주택의 소형모형 하우스까지, 당신의 꿈의 거주지 만들기에 도움을 드리겠습니다.

76 ロールス・ロイス(= Rolls · Royce) : 롤스 · 로이스 [= 1973年に設立(せつりつ)され、航空機(こうくうき)エンジンや船舶(せんぱく)・エネルギー関連機械(かんれん-きかい)などを製造(せいぞう)・販売(はんばい)しているイギリスの工業(こうぎょう)メーカー。1973년에 설립 항공기 엔진이나 선박·에너지 관련 기계 등을 제조, 판매하고 있는 독일 공업의 브랜드]

[그림-17]

77 メルボルン(= Melbourne) : 멜버른 [= オーストラリア南東部(なんとうぶ)、ビクトリア州の州都(しゅうと)。오스트레일리아 남동부, 빅토리아 주의 주도]

78 イースター・エッグ(= Easter Egg) : 부활절 달걀 [= キリスト教で、復活祭(ふっかつさい)を祝(いわ)うために殻(から)に色を塗(ぬ)るなどして飾(かざ)り付(つ)けたゆで卵(たまご)。그리스도교에서 부활절을 축하하기 위해 껍질에 색을 칠하여 꾸민 삶은 달걀]

[그림-18]

2-5

《恋の味》 チョコレート好きのなかには、どんなに高くても構わないという人たちもいるらしい。アメリカではゴダィバ[79]という高級チョコレートが、ロシア風デザインの華麗な漆塗り[80]の箱に納められて、1キロがなんと[81]770ドルで売られているのだ。

そうかと思うと、チョコレートに一生をささげて[82]いる人もいる。たとえば、ミルトン・ゼルマン[83]—彼はニューヨークで、チョコレートの香りのする雑誌「チョコレート・ニュース」を出版し、チョコレートの生き字引[84]と言われている。ゼルマンによれば、スイスとベルギーのチョコレートが最高だそうだが、私の懐具合[85]と好みから言えば、マンハッタン[86]にあるクローン・ショコラティエ社[87]のものが最高だと思う。

トム・クローン[88]は手づくりのチョコレートをつくることで有名で、新鮮なイチゴをブラック・チョコレートで包んだオリジナル製品が、年間500万個以上も売れているという。また、彼は注文に応じてどんな形でもつくるという商法で、一躍名をなした[89]人でもある。そのなかには、実物大[90]でしかも本物そっくり[91]の女性の脚があったり、読み終わったら食べられるというグリーティング・カード[92]があったり、いちいち数え[93]あげればきりがない[94]ほどである。

チョコレートとの組合わせといえば、みごとな[95]調和をなすものは数多くあるが、なかでも一度食べたら忘れられないのは、チョコレートとアーモンドという、あの絶妙な[96]取合わせである。ミルトン・スネイブリー・ハーシー[97]が、アーモンド入りチョコレートの大量生産を始めたのは1894年のことだ。

それにしても、チョコラトルの木の苦い実から生まれたチョコレートが、なぜこれほどまでに世界じゅうの人々に愛されるのだろうか。

モンテスマはチョコレートの栄養価をよく心得て[98]いたようだ、と栄養学者たちは言う。しかし、モンテスマはそれ以上のことを知っていたのかもしれないのだ。

한자의 読み方

構(かま)う : 준비하다

華麗(かれい)だ : 화려하다

漆塗(うるしぬ)り : 옻칠하다

納(おさ)める : 받아들이다

香(かお)り : 향기

心得(こころえ)る : 이해하다

生(い)き字引(じびき) : 살아있는 사전, 만물박사

懐具合(ふところぐあい) : 호주머니 사정

好(この)み : 취향

最高(さいこう) : 최고

新鮮(しんせん)だ : 신선하다

商法(しょうほう) : 판매상술, 상법

一躍(いちやく) : 일약

名(な)をなす : 이름을 날리다

実物大(じつぶつだい) : 실제 크기

脚(あし) : 다리

数(かぞ)え上(あ)げる : 헤아리다

組(く)み合(あ)わせ : 조합

調和(ちょうわ) : 조화

数多(かずおお)い : 수많은

絶妙(ぜつみょう) : 절묘

取(と)り合(あ)わせ : 조합, 구색

大量生産(だいりょう―せいさん) : 대량 생산

苦(にが)い実(み) : 쓴 열매

栄養価(えいようか) : 영양가

중요어구

79 ゴダィバ(= Godiva Chocolatier) : 고디바 [= ゴディバ·ショコラティエ、世界3大チョコレート中の一つで有名な高級チョコレートのメーカー。 ベルギーで創業したベルギー王室の御用達(ごようたし)とされている。 現在はトルコの食品企業·ウルケル(Ülker)グループの傘下(さんか)にあり、 アメリカ、ヨーロッパ、アジアなどにおいて、 チョコレートや関連商品(しょうひん)の販売を行っている。벨기에의 대표적인 초콜릿 제조회사로, 1926년 브뤼셀에서 설립, 1926년 쇼콜라티에 조제프 드랍스(Joseph Draps)가 벨기에 브뤼셀 그랑플라스 광장에서 처음 열었다]

[그림-19]

80 漆塗(うるしぬ)り : 옻칠함 [= 漆(うるし)を器物(きぶつ)に塗(ぬ)ること]

▸ この古い家具は漆塗りの飾(かざ)り棚(だな)です。

이 낡은 가구는 옻칠한 장식장입니다.

▸ その装飾(そうしょく)は、白の壁に黒漆塗りのパネルといったシンプルなものである。

그 장식은, 하얀 벽 위에 검게 옻칠한 패널이라는 단순한 것이다.

81 何(なん)と : 어쩌면 그렇게, 이 얼마나 [= 何とまあ、何という、何て。What a ~, How ~]

▸ 何と立派(りっぱ)な家だろう。

얼마나 멋있는 집인가.

▸ なんと愚(おろ)かな事(こと)か。

얼마나 어리석은 노릇인가.

▸ 約束を破(やぶ)って平気(へいき)でいるなんて、なんと破廉恥(はれんち)な人でしょう。

약속을 어기고 아무렇지도 않다니 참 파렴치한 인간이군요.

82 捧(ささ)げる : 양손으로 높이 받들다, (신불이나 윗사람에게) 올리다, (정성 등을) 바치다 [= 高く上げる、神・目上(めうえ)の人に献(けん)じる。hold up, offer]

▸ 優勝旗(ゆうしょうき)を高々(たかだか)とささげる。

우승기를 높이 쳐들다.

▸ 霊前(れいぜん)に花をささげる。

영전에 꽃을 바치다.

▸ 最後(さいご)まで自分の信念(しんねん)を貫(つらぬ)き、研究に一生(いっしょう)をささげたいと思っている。

끝까지 자신의 신념을 관철해, 연구로 평생을 바치고 싶다고 생각하고 있다.

83 ミルトン・ゼルマン(= Milton Zelman) : 밀튼・젤만 [= チョコレートの生(い)き字引(じびき)き、ニューヨークでチョコレートの香りのする雑誌「チョコレート・ニュース」の出版者。초콜릿 마니아로 일생을 바친 사람, 초콜릿의 살아있는 사전, 뉴욕에서 초콜릿 향이 나는 잡지 `초콜릿뉴스` 를 출판함. `Giving chocolate to others is an intimate form of communication, a sharing of deep, dark secrets`, 다른 누군가에게 초콜릿을 주었다는 것은, 의사소통의 친밀함, 깊고 어두운 비밀을 공유한다는 것이라 함]

84 生(い)き字引(じびき) : 살아 있는 사전, 만물박사, 박식가 [= walking dictionary]

▸ 彼は言(い)わば生き字引きだ。

그는 소위 만물박사이다.

▸ 戦後政治(せんごせいじ)の生き字引、宮沢氏の存在を抜(ぬ)きにして小渕・森両政権(せいけん)は語(かた)れない。

전후정치의 박식가, 미야자와씨의 존재를 빼고서 오자와・모리 양 정권을 말할 수 없다.

85 懐具合(ふところ-ぐあ)い : 주머니 형편, 사정 [= 所持金(しょじきん)の額(がく)や金回(かねまわ)りの状態(じょうたい)、懐都合(ふところ-つごう)。one's financial position, one's capacity to pay]

▸ ボーナスの後で<u>懐具合い</u>も良い。

보너스를 탄 후로 주머니 사정도 좋다.

▸ 最近は、あの蕎麦屋(そばや)へ<u>懐具合</u>の苦(くる)しさゆえに昔ほど頻繁(ひんぱん)には通(かよ)わなくなりましたが、 まだときどき行きます。

최근에는 그 메밀 국수집에 주머니 사정이 좋지 않아 옛날만큼 빈번히 가지 않지만, 아직도 때때로 갑니다.

▸ 安い! 旨(うま)い! <u>懐具合</u>を気にせず、存分(ぞんぶん)に焼肉(やきにく)を味(あじ)わう! [焼肉 広告]

싸고 맛있다! 주머니 사정 신경 안 쓰고 마음껏 쇠고기 구이를 맛본다!

86 マンハッタン(= Manhattan) : 맨해튼 [= ニューヨーク市の中心をなす区(く)の一。東をイースト川(がわ)、西をハドソン川、北をハーレム川に囲(かこ)まれたマンハッタン島を占(し)める。セントラルパーク·ブロードウエー·国際連合本部(こくさい-れんごう-ほんぶ)などがある。뉴욕시의 중심을 이루는 구 중 하나. 동쪽 이스트 강, 서쪽을 허드슨 강, 북쪽 할렘 강에 둘러싸인 맨해튼 섬이다. 센트럴 파크·브로드웨이·국제 연합 본부 등이 있다]

87 クローン・ショコラテイエ社(= Kron Chocolatier) : 크론・쇼콜라띠에 [= 1980年代後半(こうはん)にオープンして新鮮(しんせん)なフルーツ、有名なブダペストクリームトリュフと多種多様(たしゅ-たよう)の手作(てづく)りチョコレートの彫刻(ちょうこく)を売った。1980년 후반에 가게를 열어 그냥 직접 만든 신선한 과일, 유명한 부다페스트 크림 트러플과 손수 만든 다양한 초콜릿의 조각을 판매했다. opened in the late 1980's selling hand dipped fresh fruit, the famous Budapest Crème Truffle and a large variety of hand molded chocolat sculptures.]

88 トム・クローン(= Tom kron) : 톰・크론 쇼콜라티에 [= 1974年、チョコレートでおおわれたイチゴを大衆化した]

89 名(な)を成(な)す : 명성을 얻다, 이루다 [= その道(みち)ですぐれた人物(じんぶつ)として有名になる。win fame, make a name for oneself]

▶ 科学小説(かがくしょうせつ)一本槍(いっぽんやり)で名をなした。
과학 소설 하나만으로 명성을 얻었다.

▶ 彼は若くして名をなした数学者(すうがくしゃ)である。われわれの世代(せだい)のヒーローであった。

그는 젊어서 명성을 떨친 수학자이다. 우리 세대의 영웅이었다.

90 実物大(じつぶつ-だい) : 실물 크기 [= 実物と同じ大きさ。full size, full scale]

▸ 実物大の銅像(どうぞう)を製作(せいさく)する。
실물 크기의 동상을 제작하다.

▸ このロンドンバスの一風変(いっぷうか)わった実物大オブジェが、ロンドン市内に登場(とうじょう)し、話題(わだい)となっている。 [ロンドンバスが腕立(うでた)て伏(ふ)せ, 2012, 8]
이 런던 버스의 색다른 실물크기의 오브제가 런던시내에 등장하여 화제가 되고 있다.

91 そっくり : (부) 전부, 몽땅, 고스란히, (Av) 꼭 닮다 [= 欠(か)けることのないさま、そのまま、残(のこ)らず、全部非常によく似ているさま。just as it is, just(exactly) like]

▸ あり金(がね)をそっくり渡(わた)した。
가진 돈을 전부 내 주었다.

▸ ライオンは、 草食動物(そうしょく-どうぶつ)を殺(ころ)すと内臓(ないぞう)などそっくり食べてしまう。
사자는, 초식동물을 죽이면 내장 등 몽땅 먹어치운다.

▸ ところがある時、この商人(しょうにん)が死んで、ひとり息子が財産(ざいさん)をそっくりもらうことになりました。
그런데 어느 날, 이 상인이 죽고 외동아들이 재산을 고스란히 받게 되었습니다.

▸ モンローのそっくりさん。(= a Marilyn Monroe look-alike)

몬로와 꼭 닮은 사람.

▸ 娘(むすめ)は母親(ははおや)にそっくりだ。

딸은 어머니를 꼭 닮았다.

▸ 肖像画(しょうぞう-が)は本人(ほんにん)そっくりに出来ている。(= absolutely true to life)

초상화는 본인과 똑같이 그려져 있다.

cf) そっくりそのまま : (부) (꼭 닮은 모양) 꼭 그대로, 고스란히 [= 二つの物事(ものごと)・状態がまったく同じであるさま]

▸ そっくりそのまま引(ひ)き写(うつ)す。

고스란히 그대로 베껴 쓰다.

▸ 昔(むかし)の面影(おもかげ)がそっくりそのまま残(の)こる。

옛날의 모습이 그대로 남다.

---

92 グリーティング・カード(= greeting card) : 연하장 [= クリスマスや新年などの年中行事(ねんちゅう-ぎょうじ)に合(あ)わせて、あるいはそれ以外(いがい)にも感謝の気持ちなどを表すために、友人(ゆうじん)や恋人(こいびと)など親(した)しい人との間で交(か)わされるカード。略(りゃく)して「グリカ」と呼ばれる。크리스마스나 새해 등 연중행사에 맞추어 혹은 그 이외 감사의 마음 등을 표현하기 위해 친구나 연인 등 친한 사람 사이에서 주고받는 카드. 줄여서 "구리카"라고도 함]

---

93 数(かぞ)える : 세다, 헤아리다, 열거하다 [= 勘定(かんじょう)する、列挙(れっきょ)する。count, list]

▶ 会う日までの日数(にっすう)をかぞえる。

만날 날까지의 날짜를 센다.

▶ 現在(げんざい)では年齢(ねんれい)は満(まん)で数えますが昔は数えで言ったそうです。

현재는 연령은 만으로 헤아립니다만 옛날은 세는 나이로 말했다고 합니다.

▶ 彼は今日(こんにち)の一流作家(いちりゅう-さっか)の中に数えられる。

그는 오늘날의 일류작가 안에 들어간다.

---

94 切(き)りがない : 한이 없다, 끝이 없다 [= 際限(さいげん)がない、果(はて)しがない。be endless, be limitless]

▶ 母の愛(あい)はきりがない。

어머니의 사랑은 그지없다.

▶ きりがない海(うみ)が広(ひろ)げる。

끝없는 바다가 펼쳐진다.

▶ 贅沢(ぜいたく)を言(い)えばきりがない。

사치스런 소리를 하자면 한이 없다

▶ 一々(いちいち)かぞえたてていればきりがない。

일일이 세고 있다가는 끝이 없다.

---

95 見事(みごと)だ : 아름답다, 훌륭하다, 뛰어나다, 멋지다 [= すばらしいさま、りっぱなさま、巧(たく)みなさま、あざやかなさま。excellent, fine, splendid]

▶ 北海道函館(ほっかいどう-ハコダテ)のみごとな雪景色(ゆきげしき)。

홋카이도 하코다테의 아름다운 설경.

▶ 彼の昨夜の演奏(えんそう)は実に見事だった。

그의 지난밤 연주는 실로 훌륭했다.

▶ かれはカリスマ性(せい)の漂(ただよ)う見事な演技(えんぎ)を披露(ひろう)した。

그는 카리스마 넘치는 뛰어난 연기를 보여줬다.

▶ 球場(きゅうじょう)を埋(うず)めた人々の声援(せいえん)にこたえて、バッターは、見事なホームランを打(う)った。

구장을 꽉 채운 사람들의 성원에 보답하고자 타자는 멋지게 홈런을 쳤다.

---

96 絶妙(ぜつみょう)だ : 절묘하다 [= この上(うえ)なく巧((たく))みですぐれていること。exquisite]

▶ ブラジルコンビならではの絶妙なタイミングだ。

브라질 콤비가 아니고서는 할 수 없는 절묘한 타이밍이다.

▶ この詩には叙情性(じょじょうせい)と理性(りせい)の絶妙な均衡(きんこう)がある。

이 시에는 서정성과 이성의 절묘한 균형이 있다.

▶ 軽業師(かるわざし)は絶妙な演技(えんぎ)で観客(かんきゃく)を沸(わ)かせた。

곡예사는 절묘한 연기로 관객을 홍분시켰다.

97 ミルトン・スネイブリー・ハーシー(= Milton Snavely Hershey) : 밀턴・스네이블리・허쉬 [= 世界総売上(そううりあげ)42億ドルと、今ではアメリカ製菓界(せいかかい)に君臨(くんりん)するハーシー・フード・コーポレーションの創設者(そうせつしゃ)。チョコレートを一般に普及(ふきゅう)させた功労者(こうろうしゃである ともに、一生を通して奉仕(ほうし)の精神で社会に貢献(こうけん)した人物(じんぶつ)でもある。세계 총매출 42억 달러로 지금은 미국 제과업계를 군림하는 허쉬 푸드 회사의 창시자. 초콜릿을 일반적으로 보급시킨 공로자이 며 평생을 봉사의 정신으로 사회에 공헌한 인물이기도 하다]

[그림-20]

98 心得(こころえ)る : 이해하다, 승낙하다, 손에 익어 잘 알고 있다, 조심하다 [= 理解する、みなす、気付(きづ)く。know, understand, regard, think, be aware of]

▸ その政治家(せいじか)は聴衆(ちょうしゅう)を引きつけるすべてを<u>心得</u>ている。

그 정치가는 청중을 끌어들이는 모든 것을 파악하고 있다.

▸ 茶道(さどう)については一通(ひととお)りのことは心得ている。

다도에 대해서는 대강 이해하고 있다.

▸ ころび落ちぬよう心得て炭(すみ)を積むべきだ。

굴러 떨어지지 않도록 조심해서 숯을 쌓아야한다.

▸ 夏休みを前にして、校長(こうちょう)先生が生徒たちに夏休みの心得について話された。

여름방학을 앞두고, 교장선생님께서 학생들에게 여름방학의 마음가짐에 대해 말씀하셨다.

2-6

《カザノバ》 ニューヨーク州立精神医学研究所のドナルド・クラインとマイケル・リーボウイッツ両医師の発表した学説によると、"恋をしている"人間の脳には、フェネル・エチルエミン[99]という物質がたくさん存在するという。この物質には、中枢神経を刺激するアンフェタミン[100]を服用したときと同様[101]、気分を高揚させる[102]効果がある。そして、チョコレートにもまた、このフェネル・エチルエミンが多く含まれているのだ。これから考え合わせると[103]、失恋[104]をした人が、よくチョコレート好き[105]になるというのもうなずける気がする[106]。つまり、自分を再び恋に酔った[107]状態に戻して[108]、気分を高揚させようという、いわば自己治療法なのだろう。

そして、恋といえばすぐに思い出すのが、歴史上でも有名な、あのカザノバ[109]とマダム・デユ・バリー[110]。この二人がそろってチョコレート好きだったというのも、ただの[111]偶然としては片づけられない[112]気がするのだが……。

こう考えてくると、チョコレートの愛好者がいみじくも[113]言っているように、チョコレートは「神の食べ物」であるばかりでなく、「恋の食べ物」であるとも言えるのではないだろうか。

한자의 読み方

研究所(けんきゅうじょ) : 연구소
学説(がくせつ) : 학설
脳(のう) : 뇌
物質(ぶっしつ) : 물질
中枢神経(ちゅうすうーしんけい) : 중추신경
刺激(しげき) : 자극
服用(ふくよう) : 복용
同様(どうよう) : 마찬가지임
高揚(こうよう) : 고양, 앙양
効果(こうか) : 효과
失恋(しつれん) : 실연
恋(こい) : 사랑
酔(よ)う : 빠지다, 휩쓸리다
状態(じょうたい) : 상태
戻(もど)す : (원상태로) 되돌리다
自己治療法(じこーちりょうほう) : 자기 치료법
偶然(ぐうぜん) : 우연
愛好者(あいこうしゃ) : 애호자

중요어구

99 フェネルエチルアミン(= Phenyl-ethylamine) : 페닐에틸아민

[= アルカロイドに属(ぞく)すモノアミンである。ヒトの脳(のう)において神経修飾物質や神経伝達物質として機能する。 人が愛の感情を感じる時分泌(ぶんぴつ)するホルモンで、 チョコレートに入っている。 알칼로이드에 속하는 모노아민이다. 사람의 두뇌에서 신경화된 물질이나 신경전달물질로서 역할을 한다. 사람이 사랑의 감정을 느낄 때 분비되는 호르몬으로 초콜릿에 들어있다]

100 アンフェタミン(= Amphetamine) : 암페타민 [= 覚醒剤(かくせいざい)の一種。疲労感減少(げんしょう)や気分高揚(きぶんこうよう)などの中枢作用(ちゅうすう-さよう)をもつが、連用により習慣性をまねくため、一般の使用は禁止されている。각성제의 일종. 피로감 감소나 기분고양 등의 중추작용을 가지지만, 계속 사용하면 습관성을 초래하기 때문에 일반적으로 사용 금지되어 있다]

101 同様(どうよう)だ : (Av) 같다, 다름없다, 마찬가지다 [= ほとんど同じであること]

▶ 年が近いこともあって、いとことぼくは兄弟同様に育てられた。

나이가 비슷한 것도 있고, 사촌과 나는 형제처럼 자랐다.

▶ まだ1000kmしか走っていないから、その車は新品(しんぴん)同様です。

아직 1000km밖에 달리지 않았으니 그 차는 신제품이나 다름없습니다.

▶ 彼女にとって本はパンと同様に生活に欠(か)かせないものであった。

그녀에게 있어서 책은 빵처럼 삶에 꼭 필요한 것이었다.

102 高揚(こうよう)する : 고양하다, 드높이다 [= 精神や気分などが高まる。enhance, boost]

▶ この実験の成功は関係者の士気(しき)を高揚した。

이 실험의 성공은 관계자의 사기를 드높였다.

▶ 夕食のとき、皆(みな)の気分は高揚していた。

저녁 식사 때, 모두들 기분이 아주 좋았다.

▶ 愛国心を高揚する本を読んで、深い感銘(かんめい)を受けた。

애국심을 고양시키는 책을 읽고 깊은 감명을 받았다.

---

103 考(かんが)え合(あ)わせる：여러모로 생각해보다 [= 他の物事と比べたり結(むす)びつけたりして検討(けんとう)すること]

▶ 双方(そうほう)の事情(じじょう)を考え合わせて結論(けつろん)を出(だ)そう。

쌍방의 사정을 여러모로 생각해보고 결론을 내자.

▶ あれこれ考え合わせると、彼が使ったのはこの車だと想定(そうてい)される。

여러모로 생각해보면 그가 사용했던 것은 이 차라고 예상된다.

---

104 失恋(しつれん)：실연 [= 恋(こい)する思いが相手(あいて)に通(つう)じなかったり、相手に拒絶(きょぜつ)されたりすること。disappointed love]

▶ 失恋して虚脱(きょだつ)状態(じょうたい)におちいる。

실연하여 허탈 상태에 빠지다.

▶ 失恋して一夜(いちや)を泣(な)き明(あ)かした。

실연하여 하룻밤을 울며 지새웠다.

105 ～好(ず)き：～좋아함 [= あることが好きであることを表すこと]

▸ きみたちみたいな遊び好きの社員(しゃいん)とつき合うと出世(しゅっせ)の妨(さまた)げになるかな。

너희들같이 놀기 좋아하는 사원을 사귀면 출세에 방해가 되지 않을까.

▸ 釣(つ)り好きの高木君の部屋には、釣りの道具ならたいていのものはそろっている。

낚시광인 다카기군의 방에는 낚시도구라면 대부분의 것은 갖추어져 있다.

106 ～気(き)がする：～한 기분이 들다, ～한 것 같다 [= そのように感じられる、そのような気になる]

▸ あの人とは、なんだか会ったことがあるような気がする。

저 사람과는 어쩐지 만났던 적이 있는 기분이 들어.

▸ 私はあなたが正直(しょうじき)な人のような気がするの。

나는 당신이 정직한 사람이라는 기분이 든다.

▸ 本当に覚醒剤(かく-せいざい)は危(あぶ)ないの? 大袈裟(おお-げさ)に言われてるような気がする。

정말 각성제는 위험한가? 과장되게 말해지는 것 같다.

107 酔(よ)う : 술에 취하다, 멀미하다, 도취하다, 황홀해지다, (나쁜 길에) 빠지다, 헤매다 [= うっとりする、迷(まよ)う、自制心(じせいしん)を失(うしな)う。get drunk, feel sick, be fascinated]

▶ わたしが来る前にもかなり飲んでいたのでしょう、兄はしばらくすると酔ってつぶれてしまった。

내가 오기 전에도 꽤 마시고 있었던 것인지, 형은 잠시 후 곤드레만드레 취해버렸다.

▶ 酔って女性に絡(から)んでいた男が警察(けいさつ)につき出(だ)された。

술에 취해 여성에게 치근거리던 한 남자가 경찰에 넘겨졌다.

▶ 彼女(かのじょ)は船によう体質(たいしつ)です。

그녀는 배 멀미를 하는 체질입니다.

▶ なぜ乗り物酔いになる人とならない人がいるの?

왜 차멀미하는 사람과 하지 않는 사람이 있어?

▶ ハーモニカの演奏(えんそう)によう。

하모니카 연주에 도취되다.

▶ その征服者(せいふくしゃ)は色香(いろか)によった。

그 정복자는 여색에 빠졌다.

cf) 恋(こい)に酔(よ)う : 사랑에 빠지다 [= そのことに心を奪(うば)われてうっとりする。fall in love]

▶ 優(やさ)しい彼の姿(すがた)に私は恋に酔ってしまった。

친절한 그의 모습에 나는 사랑에 빠져버렸다.

▶ ボランティアをしている彼女(かのじょ)を見て、一目(ひとめ)で恋に酔ってしまった。

자원봉사를 하고 있는 그녀를 보고, 첫눈에 사랑에 빠져버렸다.

108 戻(もど)す : (他) 되돌리다, 원위치로 되돌리다 [= もとの状態やもとあった場所などへ返(かえ)す。return to, put back]

▸ 時計を1時間戻す。

시계를 한 시간 뒤로 돌리다.

▸ 本を読んだら元(もと)の位置(いち)へ戻しなさい。

책을 읽으면 원래 위치로 갖다 놓으세요.

cf) 戻(もど)る : (自) 되돌아가다, 되돌아오다 [= もとの状態にかえる、引(ひ)き返(かえ)す(自)。come back, return to]

▸ 彼が何時(なんじ)に戻るか知(し)っていますか。

그가 몇 시에 돌아오는지 알고 있습니까?

▸ 彼に貸(か)した金(かね)が戻ってきた。

그에게 빌려준 돈을 돌려받았다.

109 カザノバ(= Giovanni Giacomo Casanova) : 조반니・카사노바 [= 1725～1798、イタリアの文人。ヨーロッパ各地の貴族の間で漁色(ぎょしょく)·冒険(ぼうけん)の生涯(しょうがい)を送った。이태리의 문인, 성직자가 되려고 했지만 불미스런 일로 투옥되었다. 만년에 저술한 '회상록'이 호색문학으로 호평을 받기도 했음. 유럽 각지의 귀족 사회에서 엽색행각과 모험의 생애를 보냈다]

110 マダム・デュ・バリー(= Madame du Barry) : 마담 · 듀 · 바리

[= 1743～1793、ルイ15世の妾(めかけ)、傾国(けいこく)の美女(びじょ)とも。루이15세의 공첩, 본명 마리·잔느·베큐, 절세미인이기도 함]

111 只(ただ)の : 보통의, 예사의, 그저 [= 取(と)り立(た)てて値打(ねう)ちや意味がないこと、普通(ふつう)、何でもないこと、そのまま。ordinary, common]

▸ 何の事(こと)はないただの風邪だった。

대수롭지 않은 보통의 감기였다.

▸ あんなのはただの話(はなし)さ。

저런 것은 그저 지어낸 이야기야.

▸ 火星(かせい)に行くなんてことは五十年前までは、ただの想像(そうぞう)にすぎなかったことだ。

화성에 간다느니 하는 것은 50년 전까지만 해도 그저 상상에 지나지 않았던 거다.

cf) 只(ただ)の鼠(ねずみ)ではない : 흔히 있는 인물이 아니다, 보통 인물이 아니다 [= 尋常(じんじょう)の人物ではない、一癖(ひとくせ)ある者だ。油断(ゆだん)のならないやつだ]

cf) 只(ただ) : (N) 공짜, 무료, 거저, 공짜로 [= 無料(むりょう)、ただで。for free, for nothing, free of charge]

▸ ただ乗り。

무임 승차.

▶ ただで働(はたら)く。

무보수로 일하다.

▶ 配達料(はいたつりょう)はただです。

배달료는 무료입니다.

▶ これが100円(ひゃくえん)なんてただみたいだ。

이것이 100엔이라니 공짜 같다.

---

112 片(かた)づける : 처리하다, 끝내다, 결말짓다 [= 整頓(せいとん)する、始末(しまつ)する、終わらせる、解決(かいけつ)する。put in order, dispose, finish, settle]

▶ この仕事(しごと)は今年中(ことしちゅう)に片付づけなければない。

이 일은 금년 안으로 처리하지 않으면 안 된다.

▶ この難問(なんもん)をどう片付づけようか。

이 난문제를 어떻게 처리할까.

▶ 面倒(めんどう)な話は手短(てみじか)に片付けて、早く遊びに行こうよ。

거추장스러운 이야기는 간단히 끝내고 빨리 놀러 가자.

---

113 いみじくも : 썩 좋게, 적절히 [= 非常にうまく、適切(てきせつ)に、(형용사「いみじ」7)의 연용형+「も」)。exquisite, happy, aptly]

▶ 酒を`百薬(ひゃくやく)の長(ちょう)`とはいみじくも言ったものだ。

---

7) いみじ : (형용사シク활용) 심하다, 대단하다.

술을 '백약의 으뜸'이라고 말한 것은 적절한 표현이다.

▸ 極楽鳥(ごくらくちょう)とはいみじくも名付(なづ)けたものだ。

극락조란 적절히 붙인 이름이다.

▸ 山田氏がいみじくも言ったように…。

야마다씨가 적절히 말했듯이...

第3章 「菓子」作り世界一 パリのムッシュータテマツ

荷堂 淳

3-1

《世界一の菓子職人》 砂糖とバターと卵が描き出す[2]空間の芸術である。パラフィン紙[3]の筒先[4]からしぼり出される[5]0.5ミリほどの純白の線 …。砂糖と卵の白身で練りあげた[6]グラス・ロワイヤル[7]の何百本という線が、巨大なデコレーション・ケーキ[8]を繊細に飾りあげて[9]いく。ほんの[10]ひと呼吸手元[11]が狂う[12]と、その美しい弧[13]は醜く[14]ゆがみ[15]、糸のような線は乱れる[16]。

黄金色[17]に輝く[18]古代ローマ軍の兜[19]がある。日本の武将の刀と兜もある。パリの凱旋門も、李朝の壷も、ルイ王朝[20]時代の宝石箱も。完璧なまでの写実性。ノートルダム[21]寺院の世界的に有名なステンドグラス[22]まで、着色した砂糖の薄板[23]で作られているのである。

立松弘臣[24]さんは文字どおりの世界一の菓子職人[25]である。 これまでフランスはもとより[26]ヨーロッパ全土で六十個もの優勝メダルをかちとって[27]いる。1968年に開かれたフランスのサンミシェル菓子協会[28]大会では立松さんの「五重の塔」が優勝、ドゴール[29]大統領杯[30]を獲得した。

このサンミシェル菓子協会は、フランスでいちばん古い菓子職人の協会で、創設は1868年にもさかのぼる[31]。このチャンスにいどんで[32]世界十六か国から腕より[33]の菓子職人が六百点の作品を持ち込んだ[34]なかで、 立松さんの「五重の塔」がみごとにメダルを射止めた[35]のである。

「そうですねえ。もう世界中に目標にする大会はありませんねえ。あとはベルサイユ宮殿[36]の何千本と吹き出して[37]いるトリアノンの噴水[38]をどう作品に仕立て[39]あげるかぐらい。女房[40]が『本当の菓子職人ならトリアノンの噴水を作って』というものですから…」立松さんは笑った。

한자의 読み方

砂糖(さとう) : 설탕
描(えが)き出(だ)す : 그려내다, 묘사하다
芸術(げいじゅつ) : 예술
純白(じゅんぱく) : 순백
卵(たまご)の白身(しろみ) : 계란 흰자위
何百本(なんびゃくぽん) : 몇 백 개의 선
繊細(せんさい)だ : 섬세하다
呼吸(こきゅう) : 호흡
弧(こ) : 활, 활 모양, 곡선
乱(みだ)れる : 흐트러지다, 어지러워지다
輝(かがや)く : 빛나다, 반짝이다
兜(かぶと) : 투구
刀(かたな) : 칼, 외날의 칼
李朝(りちょう) : 이씨 조선(이조)
王朝(おうちょう) : 왕조
完璧(かんぺき)だ : 완벽하다
寺院(じいん) : 사원, 절
文字通(もじどお)り : 문자 그대로

空間(くうかん) : 공간
筒先(つつさき) : 통 모양 물건의 끝 부리
パラフィン紙(し) : 파라핀 종이
練(ね)りあげる : 반죽하여 만들다
狂(くる)う : 미치다, 어긋나다, 빗나가다
巨大(きょだい)だ : 거대하다
飾(かざ)りあげる : 장식하여 만들다
手元(てもと) : 손놀림
醜(みにく)い : 보기 흉하다
黄金色(こがね–いろ) : 황금색
古代(こだい) : 고대
武将(ぶしょう) : 무장, 장수
凱旋門(がいせんもん) : 개선문
壷(つぼ) : 단지, 항아리
宝石箱(ほうせき–ばこ) : 보석함
写実性(しゃじつせい) : 사실성
着色(ちゃくしょく)する : 착색하다
職人(しょくにん) : 장인

薄板(うすいた) : 얇은 널빤지, 얇은 판막이

全土(ぜんど) : 전 국토, 전국
開(ひら)く : 열다, 개최하다
五重(ごじゅう)の塔(とう) : 오층탑
大統領杯(だいとうりょうはい) : 대통령배
創設(そうせつ) : 창설

優勝(ゆうしょう) : 우승
協会(きょうかい) : 협회
獲得(かくとく) : 획득
女房(にょうぼう) : 아내, 처, 마누라
射止(いと)める : 차지하다, 획득하다

腕選(うでよ)り : 솜씨 좋은 사람 을 선발함
持(も)ち込(こ)む : 갖고 들어오다, 반입하다

宮殿(きゅうでん) : 궁전
何千本(なんせん–ぼん) : 몇 천 가닥

吹(ふ)き出(だ)す : 뿜어내다　　　　　噴水(ふんすい) : 분수
仕立(した)て上(あ)げる : 만들어서 완성하다

중요어구

1 ～作(づく)り : ～만들기, 꾸밈새, 구조 [= ものをつくること、またつくられたようす、つくりぐあい]

▶ 母作りの弁当(べんとう)がおいしいのよ。
엄마가 손수 만든 도시락이 맛있어.

▶ 辞職(じしょく)に追(お)い込(こ)まれた彼は、庭作りに精(せい)を出(だ)す。
현직에서 물러난 그는 정원 만들기에 정성을 쏟는다.

▶ 明(あかる)い町(まち)づくり。
명랑한 거리 만들기.

▶ シーズンオフの冬期(とうき)の練習は、基礎体力作りが中心になります。
시즌 오프(season off)의 동계연습은, 기초체력 만들기가 중심이 됩니다.

2 描(えが)き出(だ)す : 그려내다, 묘출하다 [= 物の動(うご)いた跡(あと)がある形となる]

▶ ドラマで描かれない場面を描き出す。

드라마로 그릴 수 없는 장면을 그려낸다.

▶ 感動を鮮(あざ)やかに描き出すローラーアートの魔術師(まじゅつし)。

감동을 생생하게 그려내는 롤러아트의 마술사.

▶ 日常生活の中で見つけたさまざまな人々を描き出す。

일상생활에서 찾은 다양한 사람들을 그려낸다.

---

3 パラフィン紙(し)(= paraffin paper) : 파라핀 종이 [= パラフィンや蝋(ろう, wax)をグラシン紙·クラフト紙・模造紙(もぞうし)などにしみ込ませ、耐水性(たいすいせい)・耐湿性(たいしつせい)をもたせた紙]

▶ パラフィン紙は、主に機械部品、刃物(はもの)等の包装(ほうそう)に使用されております。

파라핀 종이는, 주로 기계 부품, 칼날 등의 포장에 사용되고 있습니다.

---

4 筒先(つつさき) : (원통형 물건의) 끝, 부리, 총구 [=ホースなど筒形(つつがた)の物の先端(せんたん)の部分、筒口(つつぐち)]

▶ 敵(てき)に筒先を向ける。

적에게 총부리를 겨누다.

▶ 消火(しょうか)ホースの筒先を落としたら、どうなるか。

소화 호스의 끝부분을 떨어뜨리면 어떻게 될까.)

▶ 真鍮(しんちゅう)製の消防用ホースの筒先32本が盗難被害(とうなんひがい)にあったと発表した。

놋쇠로 만든 소방용 호수 끝부분 32개가 도난피해를 당했다고 발표했다.

---

5 しぼり出(だ)す : **짜내다** [= 搾(しぼ)り出す、絞(しぼ)り出す、強く押したりねじったりして、 中に含まれているものを出す]

▶ チューブから歯磨きを絞り出す。

튜브에서 치약을 짜내다.

▶ 彼はのどから声を絞り出すようにそう言った。

그는 목에서 목소리를 짜 내듯이 그렇게 말했다.

▶ ない知恵を絞り出して考える。

없는 지혜를 짜내서 생각하다.

---

6 練(ね)りあげる : **충분히 반죽하여 만들다, 몇 번이고 다듬어 완성하다** [= 十分こねて仕上げる]

▶ あんを練り上げる。

팥소를 반죽하다.

▶ 彼は原稿(げんこう)を綿密(めんみつ)に練り上げた。

그는 원고를 면밀히 다듬어 완성했다.

cf) 練(ね)る : (5단) 개다, 반죽하다, (수양을) 쌓다, 연마하다, (생각을) 다듬다

▸ 小麦粉(こむぎこ)を練る。
밀가루를 반죽하다.

▸ 人格(じんかく)を練る。
인격을 연마하다.

▸ これは会社の浮沈(ふちん)にかかわる問題だから、じっくり対策(たいさく)を練ろう。
그것은 회사의 성쇠에 관련되는 문제이기 때문에 곰곰이 대책을 다듬겠다.

cf) ～上(あ)げる : (후항v) 끝까지～하다, 다～하다, ～해내다

▸ 髪(かみ)を刈(か)りあげた若者(わかもの)は、岩のようにいかつい肩(かた)をもっていた。
머리를 위까지 쳐올려 깎은 젊은이는 바위처럼 딱딱한 어깨를 가지고 있었다.

▸ 火の出るような厳しい訓練が彼の不死身の体を作りあげた。
혹독한 훈련이 그를 불사조의 몸으로 만들어 내었다.

▸ 昔(むかし)、この村の娘たちは心を込(こ)めて糸(いと)を繰(く)り、織(お)りあげたものを恋人に贈(おく)ったのだそうです。
옛날 이 마을의 처녀들은 정성을 다해 실을 감아, 다 짜 만든 옷을 연인에게 줬다고 합니다.

7 グラス·ロワイヤル(= Glace Royale) : 그래스 로열 [= 粉分砂糖(こなふんさとう)、卵白(らんぱく)、レモン汁で作った生地(きじ)。線描(せんが)き模様(もよう)、花などを描くのに使う、アイシングの一種で、ロイヤルアイシングともいう。クッキーやケーキのデコレーションに絞り出して使う。가루설탕, 계란, 레몬즙 등으로 만든 재료. 선 모양 그리기, 꽃 등을 그리는데 사용한다. 아이싱의 일종으로 '로열 아이싱'이라고도 함, 쿠키나 케이크의 장식에 짜서 사용]

8 デコレーション·ケーキ(= decoration cake) : 데코레이션 케이크 [= スポンジケーキの台の上面(じょうめん)や側面(そくめん)をクリーム·チョコレート·果物などで飾(かざ)った洋菓子。 結婚式·誕生日·クリスマスなどに多く用いる。 스폰지 케이크 받침대 윗면이나 측면을 크림, 초콜릿, 과일 등으로 장식한 양과자. 결혼식, 생일, 크리스마스 등에 많이 사용한다]

9 飾(かざ)りあげる : 장식하여 만들다, 꾸미다 [= 他の物を添(そ)えたり手を加えたりするなどして美しく見せるようにする、装飾(そうしょく)する]

- 娘の成人式にはこんなきれいな髪、飾りあげたいなぁ。

  딸의 성인식에는 이런 예쁜 머리장식을 해 주고 싶다.

- お洒落(しゃれ)なエキゾチックなアイテムで飾りあげたタイ料理屋さん。

  세련된 이국적인 아이템으로 장식한 태국요리 가게.

10 本(ほん)の～ : 그저 (명색뿐인), 단지 (그 정도에 불과한), 보잘것없는 [= 次にくる言葉が取るに足りないものであることを表す語、まったくわずかの]

- ▸ ほんのお礼のしるしに、この時計を差し上げます。

  그저 감사의 표시로 이 시계를 드립니다.

- ▸ 本の二、三分の違いで遅れた。

  불과 2, 3분 차이로 늦었다.

- ▸ 彼は生(き)まじめな性格(せいかく)で、ほんのちょっとのミスもいい加減(かげん)にはできないらしい。

  그는 고지식한 성격으로 아주 작은 실수도 웬만하면 하지 않는 것 같다.

- ▸ 四月になると、ほんのわずかですが、給料(きゅうりょう)が上(あ)がりました。

  4월이 되자, 아주 적게나마 월급이 올랐습니다.

- ▸ ほんのささいな間違(まちが)いが、われわれを破滅(はめつ)させることがある。

  보잘것없는 사소한 실수가 우리들을 파멸시키는 일이 있다.

11 手元(てもと) : 손놀림, 기량, 손이 미치는 범위, 주변, 바로 옆 [= 手の届(とど)くあたり、自分のそば、手並(てな)み]

- ▸ 手元が不安定になる。

손놀림이 불안정해지다.

▶ 手元が狂って木を撃(う)ってしまった。

손이 떨려 나무를 쳐버렸다.

▶ 彼女は一人息子を手元に置いておきたかった。

그녀는 외아들을 수중에 두고 싶었다.

▶ この薬をいつも手元に置いている。

이 약을 항상 가까이에 두고 있다.

▶ てもとの辞書(じしょ)で調(しら)べる。

바로 옆의 사전으로 찾아보다.

---

12 狂(くる)う : 미치다, 어긋나다, 빗나가다 [= 精神の正常(せいじょう)な調和(ちょうわ)がとれなくなる、気が違う、気がふれる。go mad, se one's senses]

▶ お前、気でも狂ったのか、そんなことをするなんて。

너 제정신 아니지? 그런 짓을 하게.

▶ 突然(とつぜん)若い兵士(へいし)は狂ったように、暗やみに向かって機関銃(きかんじゅう)を連射(れんしゃ)した。

갑자기 젊은 병사는 미친 듯, 어두운 곳을 향해 기관총을 난사했다.

▶ 思わぬアクシデントのために、初めの計画がすっかり狂ってしまった。

생각지 못한 사고 때문에 처음 계획이 완전히 어긋나 버렸다.

▶ 一流(いちりゅう)の体操選手(たいそうせんしゅ)ともなると、寸分(すんぶん)の狂いもなく同じ演技(えんぎ)ができるそうだ。

일류 체조선수라면, 조금도 어긋남없이 똑같은 연기를 할 수 있다고 한다.

13 弧(こ) : 활, 활처럼 굽는 모양, 호 [= 弦(つる)を張(は)ったときの弓(ゆみ)のように曲(ま)がった形、円周(えんしゅう)または曲線(きょくせん)の一部分]

▸ 白いボールが青空に弧を描いて飛んだ。

흰 공이 푸른 하늘에 곡선을 그리며 날았다.

▸ ヘリコプターはゆっくりと弧を描きながら止まらずに小山を越えて行った。

헬리콥터는 천천히 호를 그리며 멈추지 않고 언덕을 넘어갔다.

14 醜(みにく)い : 추하다, 보기 흉하다, 못생기다 [= 見て不快(ふかい)な感じがする、嫌な気持ちがする、顔や姿(すがた)がよくない]

▸ 彼らは私が醜いので、私のことをあざ笑っているのだと私は思った。

그들은 내가 못 생겨서 그들이 나를 보고 비웃는다고 생각했다.

▸ その看板は醜いから取り外してください。

그 간판은 보기 흉하니까 떼어 내 주세요.

▸ 人の陰口(かげぐち)を言うのは醜いことだ。

타인의 험담을 말하는 것은 추한 일이다..

15 歪(ゆが)む : 비뚤어지다, 뒤틀리다, 일그러지다 [= 物の形がねじれたりたわんだりして正(ただ)しくなくなる、ひずむ]

▶ 地震で家が歪む。

지진으로 집이 비뚤어지다.

▶ 彼は何事にも歪んだ解釈をする。

그는 무슨 일에도 비뚤어진 해석을 한다.

▶ テレビが故障(こしょう)したらしく、画像(がぞう)がゆがんで見える。

TV가 고장이 난 듯 화면이 일그러져 보인다.

▶ 会社のゆがみに目を向け、正しいあり方を考えてみよう。

회사의 비리에 관심을 갖고 올바른 태도를 생각해 보자.

16 乱(みだ)れる : 흐트러지다, 어지러워지다, 문란해지다 [= まとまりがなくなる、ばらばらになる規律(きりつ)けじめなどがなくなる、だらしなくなる]

▶ ヤナギの枝が風に吹き乱れる。

버드나무 가지가 바람에 흐트러지다.

▶ わたしの心は千千(ちぢ)に乱れた。

내 마음은 천 갈래 만 갈래로 흐트러졌다.

▶ 女王(じょおう)の寝室(しんしつ)は花のごとく乱れ、濃艶(のうえん)な空気にむせかえるばかりである。

여왕의 침실은 꽃 같이 흐트러져 있고 농염한 공기로 숨이 막힐 지경이었다.

17 黄金色(こがね-いろ) : 황금색, 황금빛, 금빛 [= 黄金(おうごん)のもつ輝(かがや)く黄色(きいろ)、山吹色(やまぶきいろ)、こんじき, きんいろ。golden color]

▶ 彼女は黄金色の髪をとかして整えた。

그녀는 자신의 금발 머리를 빗질하고 정돈하였다.

▶ 黄色くよく熟(じゅく)した南高梅(なんこうばい、なんこううめ)を使って作った黄金色のジャムです。

노랗게 잘 익은 난코오 매화를 사용하여 만든 황금빛 잼입니다.

▶ 本島(ほんとう)でも黄金色に実った稲(いね)の刈(か)り入れが始まった。

본섬에도 황금빛으로 여문 벼 수확이 시작되었다.

18 輝(かがや)く : 빛나다, 반짝이다 [= まばゆいほどきらめく、きらきら光る、光を放(はな)つ]

▶ その行事はまぶしく輝く太陽の下で開かれた。

그 행사는 눈부시게 빛나는 태양아래에서 열렸다.

▶ 宝石が彼女の指にきらきら輝いていた。

보석이 그녀의 손가락에서 반짝반짝 빛나고 있었다.

▶ 庭では、かきの実(み)がおいしそうに色づいて秋の日に輝いています。

정원에는, 감이 먹음직스럽게 익어 가을 햇살에 반짝이고 있습니다.

19 兜(かぶと) : 투구 [= 武将(ぶしょう)が頭部(とうぶ)を防護(ぼうご)するためにかぶった武具(ぶぐ)]

▶ 兜がいつの時代から使われ始めたのか定(さだ)かではない。

투구가 어느 시절부터 사용되기 시작했는지 분명하지 않다.

▸ 勝って兜の緒(お)を締めよ。(= 勝利の中で自(みずか)らを制御(せいぎょ)できる者は、二度目も勝つ)

승리하고서 투구의 끈을 메라!(승리했을 때 자기를 통제할 수 있는 사람은 두 번 승리하는 것이다.)

---

20 ルイ王朝(= Louis おうちょう) : 루이왕조 [= ブルボン朝(ちょう)の別名(べつめい)である。この王朝には初代アンリ4世の長子ルイ13世以来、ルイの名が多いため誤用(ごよう)が生じたものが、そのまま文化史の用語となったものである。브르봉조의 별명. 이 왕조는 초대 앙리 4세의 장자 루이 13세 이후, 루이의 이름이 많았기 때문에 오용으로 사용된 것이 그대로 문화사의 용어가 된 것이다.]

---

21 ノートルダム(= Notre-Dame) : 노트르담 [= フランスをはじめ、フランス語圏(ごけん)各地にある聖母(せいぼ)マリアにささげられた聖堂(せいどう)。12世紀頃から聖母崇拝(すうはい)の高まりとともに数多く献堂(けんどう)された。特にパリにあるノートルダム大聖堂が有名。프랑스를 비롯 프랑스어권 각지에 있는 성모 마리아에게 바쳐진 성당. 12세기 무렵부터 성모 숭배의 고조와 함께 많이 헌당되었다. 특히 파리의 노트르담 성당이 유명]

[그림-21]

22 ステンドグラス(= stained glass) : 스텐드 그래스 [= ガラスに金属酸化物(きんぞくさんかぶつ)を混入(こんにゅう)することで着色している。教会堂や西洋館の窓の装飾(そうしょく)に多く用いられる。外部からの透過光(とうかこう)で見るため、人の目に非常に美しく写(うつ)る。유리에 금속 산화물을 혼입하는 것으로 착색되어 있다. 교회당이나 서양관의 창 장식에 많이 사용된다. 외부로부터의 투과광으로 보기 때문에 볼 때 매우 아름답게 비친다]

[그림-22]

23 薄板(うすいた) : 얇은 판자, 얇은 널빤지 [= 薄い板に巻いた薄地(うすじ)の薄板物(うすいたもの)。sheet]

▶ 薄板を張る。

얇은 판자를 붙이다.

▶ 薄板は、自動車、家電、建材など、いたるところで使われる身近(みじか)な製品です。

얇은 널빤지는 자동차, 가전, 건축 자재 등에 이르는 곳에서 사용되는 친근한 제품입니다.

24 立松弘臣(たてまつ-ひろおみ) : 다테마츠·히로오미 [= 日仏修교의 공헌자, 양과자의 장인]

cf) 立松의 약력

- シャルルドゴール大統領より大統領賞受賞(1968年)
- フランス政府よりコマンドールオフィシエ、シュバリエ勲章受章
- フランス芸術 科学 文学 アカデミック協会会長よりオフィシエ功労賞受賞
- ボルドーワインアカデミー会長より名誉博士コマンドール賞受賞
- フランス料理アカデミー(日本人として最年少で)入会(1972～2005年)
- 岸信介(元総理大臣)より第3回全国大会にて最優秀技術大賞受賞
- 総理府宮内庁大膳長より感謝状(2回)
- 2007年6月より健康で社会に貢献するための雑誌「Epic World」誌にて連載
- 2008年2月銀座資生堂にて世界の歴史的メニューと資料及び食卓展開催

25 職人(しょくにん) : (목수·미장이·표구사 등) 직인, 장인(匠人) [= 自分の技能によって物を作ることを職業とする人。 大工(だいく)・左官(さかん)・表具師(ひょうぐし)など]

▸ しゃき-しゃきした職人。

일을 척척 해내는 장인.

▸ 職人連(づ)れに何がわかる。

직공 따위가 무엇을 알랴.

▸ 祖父は職人かたぎだから、いい材料が手に入らなければ仕事をしないのです。

할아버지는 장인 기질 이어서 좋은 재료를 손에 넣지 않으면 일을 하지 않습니다.

26 ~は元(もと)より : ~은 처음부터, ~은 말할 것도 없이, ~은 물론 [= 言うまでもなく]

▸ わたしは元より反対する気持はありません。

나는 처음부터 반대할 생각은 없습니다.

▸ 財産は元より命(いのち)までも失(うしな)った。

재산은 말할 나위도 없고 목숨마저 잃었다.

▸ 若者は元より老人(ろうじん)、子供に至(いた)るまで。

젊은이는 물론 노인, 아이들에 이르기까지.

27 勝(か)ち取(と)る : 이겨 차지하다, 쟁취하다 [= 争(あらそ)いに勝って自分のものにする。achieve]

▸ 民主主義(みんしゅしゅぎ)を勝ち取る。

민주주의를 쟁취하다.

▶ 決勝戦(けっしょうせん)で相手方(あいてがた)を負(ま)かして優勝杯(ゆうしょうはい)を勝ち取る。

결승전에서 상대편을 꺾고 우승배를 획득하다.

▶ チャンピオンの座(ざ)を汗(あせ)と涙(なみだ)でかちとった。

챔피언 자리를 땀과 눈물로 쟁취했다.

28 サンミシェル(= Saint-Michel)菓子協会(かしきょうかい) : 생미쉘 과자협회 [= Saint-Michelは、フランスの菓子やパン職人、熱いかまど使う職人の守護聖人(しゅごせいじん)。1868年に設立したフランス製菓(せいか)職人協会の名称。프랑스의 파티쉐나 제빵사, 뜨거운 가마를 사용하는 장인들의 수호성인인 '세인트 미쉘'의 이름을 따서 만들어진 협회. 1868년에 설립]

29 ドゴール(= de Gaulle) : 드골 [= 1890-1970、フランスの陸軍軍人、政治家。フランス第五共和政初代大統領。第二次世界大戦においては本国失陥(しっかん)後、ロンドンに亡命(ぼうめい)政府である自由フランスを樹立(じゅりつ)した]

[그림-23]

30 ～杯(はい) : (접미) ～배 [= 優勝した際(さい)にわたされるもの]

▸ 優勝杯(ゆうしょうはい)。우승배　大統領杯。대통령배.

▸ 2014年W杯ブラジル大会。2014년 월드컵 축구브라질 대회.

▸ 2015年ラグビーW杯イングランド大会 (= Rugby World Cup 2015)
2015년 월드컵 럭비 영국 대회.

31 遡(さかのぼ)る : 거슬러 올라가다, 되돌아가다 [= 流れに逆(さか)らって上流(じょうりゅう)に進む、 物事の過去や根本(こんぽん)にたちかえる]

▸ この祭りは古い中世(ちゅうせい)に遡る。
이 축제는 옛 중세로 거슬러 올라간다.

▸ 教育(きょういく)の原点(げんてん)に遡る。
교육의 원점으로 되돌아가다.

▸ この川では秋になると、 産卵(さんらん)のためにサケが川をさかのぼっていくのが見られる。
이 강에서는 가을이 되면, 산란을 위해 연어가 강을 거슬러 올라가는 것을 볼 수 있다.

32 挑(いど)む : (싸움·경쟁 등을) 걸다, 도전하다, 덤벼들다, 맞서다 [= けんかなどをしかける、挑戦(ちょうせん)する。challenge]

▸ 強敵(きょうてき)に挑む。

강적에게 도전하다.

▸ 最後(さいご)の決戦(けっせん)を挑む。

최후의 결전을 걸다.

▸ 将来(しょうらい)、ぼくは科学者(かがくしゃ)になって、未知(みち)の世界に挑みたい。

장래 나는 과학자가 되어 미지의 세계에 도전하고 싶다.

33 腕(うで)選(よ)り：솜씨 좋은 사람을 선발함, 솜씨 좋은것, 능력

▸ 腕よりをかける。

능력을 최대한 발휘하다.

▸ 君の腕よりを信じて任せるとしよう。

네 능력을 믿고 맡기겠다.

▸ 母が腕によりをかけた料理に、友達もみな堪能(かんのう)したようです。

엄마가 솜씨를 발휘해 만든 요리에 친구들도 모두 만족한 것 같습니다.

cf) 選(よ)り：엄선 [= 厳選(げんせん), careful selection]

▸ 粒選(つぶよ)りの選手。(엄선한 선수)

34 持(も)ち込(こ)む : 갖고 들어오다, 반입하다, (의논할 일이나 용건 등을) 가져오다, 가져와서 부탁하다 [= 物を持って中にはいる。相談や用件(ようけん)などをもってくる。 また、 交渉をしかける]

▶ 危険物(きけんぶつ)は持ち込まないでください。

위험물은 갖고 들어오지 마십시오.

▶ 最悪(さいあく)の場合でも引(ひ)き分(わ)けに持ちこまなければ、決勝進出は無理だろう。

최악의 경우라도 무승부로 끌고 가지 않으면 결승진출은 무리일 것이다.

▶ 彼はこの件を高裁(こうさい)に持ち込むことができるでしょう。

그는 그 문제를 고등법원에 의뢰할 수도 있겠지요.

35 射止(いと)める : 쏘아 잡다, 사살하다, 차지하다, 획득하다, 사로잡다 [= 射殺(いころ)す、勝(か)ち得(え)る。shoot an animal dead, win]

▶ 田中さんは彼女(かのじょ)の心を射止めた。

다나카씨는 그녀의 마음을 사로잡았다.

▶ 猟師(りょうし)は、おおかみを一発(いっぱつ)で射止めた。

사냥꾼은 이리를 한 발로 쏘아 잡았다.

▶ 彼女は、ミス・ユニバースの金的(きんてき)を射止めた。

그녀는 미스유니버스의 큰 대상을 차지했다.

36 ベルサイユ(= Château de Versailles)宮殿(きゅうでん) : 베르사유 궁전 [= 1682年、フランス王ルイ14世(1638-1715年、 在位(ざいい)1643-1715年)が建てたフランスの宮殿。프랑스 파리 남서쪽의 도시 베르사유에 있는 궁전. 처음 루이13세가 별궁(別宮)으로 착공했던 것을 루이14세가 대궁전으로 축조함. 호화찬란한 실내 장식과 넓은 정원은 여러 나라 궁전의 본이 되었음]

[그림-24]

37 吹(ふ)き出(だ)す : 불기 시작하다, 웃음을 터뜨리다 [= 吹き始める、 吹いて外へ出す、 こらえきれずに笑いだす]

▶ 雨(あめ)ばかりか風さえ吹き出した。

비뿐만 아니라 바람까지 불기 시작했다.

▶ ボンネットの下から蒸気が吹き出した。

자동차 보닛 아래에서 증기가 피어올랐다.

▶ 東から風が吹き出したと思(おも)ったら、こんどは西の方(ほう)から吹(ふ)き返(かえ)していく。

동쪽에서부터 바람이 분다고 생각했더니 이번에는 서쪽에서 반대로 분다.

▶ 笑(わら)いがどっとふきだした。

웃음이 한꺼번에 터져 나왔다.

38 トリアノンの噴水(ふんすい)：트리아농 분수 [= ベルサイユ宮殿(きゅうでん)の中のひとつ、 グラン・トリアノンのところにある大きな噴水、綺麗(きれい)な光景で観光地として有名]

[그림-25]

39 仕立(した)てる：만들다, 옷을 짓다, 꾸미다, 길러 내다, 양성하다 [= 布地(ぬのじ)を裁(た)って衣服(いふく)に縫い上げる、それらしく作り上げる、養成(ようせい)する]

▶ 背広(せびろ)を<u>仕立てる</u>。

신사복을 만들다.

▶ 11名の職人がフルハンドメイドでお客様のスーツを<u>仕立て</u>ます。

11명의 직공이 완전 수제로 손님의 양복을 만듭니다.

▶ 着物のお<u>仕立て</u>はもちろん、お直し、洗張(あらいはり)[8]、など着物に関する事はお気軽にご相談ください。

기모노 제작은 물론, 수선, 재양 등 기모노에 관한 것은 부담없이 의논해 주십시오.

▶ 一篇(いっぺん)の小説(しょうせつ)に<u>仕立てる</u>。

한 편의 소설로 꾸미다.

▶ 一流(いちりゅう)の技術者(ぎじゅつしゃ)に<u>仕立てる</u>。

일류 기술자로 길러 내다.

---

40 女房(にょうぼう) : 아내, 처, 마누라 [= 妻(つま)、家内(かない)、細君(さいくん)、妻のこと、多く夫が自分の妻をさしていう。にょうぼ]

▶ 官房長官(かんぼうちょうかん)は、首相(しゅしょう)の<u>女房</u>役(やく)だ。

관방 장관은 수상의 보좌역이다(아내 역할이다).

▶ 長年(ながねん)連(つ)れ添(そ)った<u>女房</u>に死なれて、心に大きな穴(あな)が空(あ)いたように寂(さび)しい。

오랜 세월 부부로 같이 살았던 아내가 죽어 가슴에 큰 구멍이 난 것처럼 쓸쓸하다.

8) 洗張(あらいはり) : 천을 빨아 풀을 먹여서 판자 따위에 펴서 말림. `재양(載陽)친다'고 함, `재양스럽다'는 `만드는 솜씨가 재주가 있다'는 충청 전라도에서 많이 씀)

3-2

《少年の知恵》 立松さんは1939年の生まれである。「ケンカと歴史と甘いものが大好き」な少年であった。小学校4年生のとき、父に連れられジャンヌ·ダルク[41]の映画を見た。強烈な印象であった。オルレアン[42]の乙女[43]の勇気と献身。だが少年にとって、英雄が女であることががまんならなかった[44]。

「そう言ったら父がナポレオンの話をしてくれました。それからナポレオンの本をむさぼる[45]ように読んだんです。『男は腕一本[46]』で生きるんだと子どもごころ[47]に誓った[48]わけです」

アルバイトに東京の芝大門[49]にある大門精養軒[50]を選んだのは高校2年のときである。大好きな菓子が食べられて、しかも働いたお金で歴史書と美術書が買えるという「少年の知恵」からだった。

そのころ大門精養軒の社長であった高須八蔵[51]氏(全日本洋菓子工業会理事長 、77歳)は立松さんのことをこう言っている。

「とにかく熱心な小僧[52]だったよ。 朝4時半にはもう店に来ている。そして店が終わっても夜おそくまでカステラ

[53]の残りなんかを刻んで[54]勉強してるんだなあ。あのころ私は店でときどき寝泊まりして[55]いたから、色の白い、ばかに[56]熱心な小僧をはっきり覚えてるよ」

17歳で学業はあきらめ、菓子職人になることを決意した。菓子を焼く鉄板みがき、配達、皿洗い、喫茶部のボーイと、見習い小僧の生活が3年半続く。

寮の広い部屋では寝るときもいちばん出口に近いところを選んで寝た。だれも起こさないで[57]朝4時半にひとり工場へはいるためである。先輩職人の技術をこうして盗んだ。菓子職人の世界には「親方[58]」と「小僧」という昔の徒弟制度[59]のなごり[60]がいまも強く残っている。親方の技術は、教えてもらうものではなくて、見て盗み取る[61]ものなのだ。

立松さんは、ある日、親方からひどくしかられた。

「お前、この飾りにいたずらしたな」と言うのである。確かに前夜、みんなが帰ったあと、親方が作りかけ[62]のバースデー・ケーキの上に口金[63]を使ってクリームで飾りを入れた。自分ではすでにできあがっているほかのケーキと寸分違わぬ[64]飾りを入れたと信じきっていた。いったい、どうしてそれがばれた[65]のか。

立松さんは左きき[66]である。親方がいたずらだといってたたきつぶした[67]ケーキの飾りは、すべて左回りであった。

「しかし、いい腕だ…」とつぶやいた[68]親方のことばは立松さんを有頂天に[69]させた。 やがて鉄板磨きからいよいよ焼き物へ。菓子の台になるカステラやパイ、クッキーを焼く係へ昇格したわけである。

「お前、これを焼いてみろ。だが言っておくが、これは宮内庁[70]へ納める[71]んだぞ。失敗は許されないから」

宮内庁の仕事は親方の仕事である。うれしかった。立松さんは赤いマジック・インキで両方の手に「注意」と書いた。このふたつの文字は、なんとしても親方の信頼にこたえようとする立松さんの心意気[72]であった。

한자의 読み方

少年(しょうねん) : 소년
知恵(ちえ) : 지혜
強烈(きょうれつ)だ : 강렬하다
印象(いんしょう) : 인상
乙女(おとめ) : 소녀, 처녀
勇気(ゆうき) : 용기
献身(けんしん) : 헌신
英雄(えいゆう) : 영웅
腕一本(うで–いっぽん) : 맨주먹, 자신의 능력
誓(ちか)う : 맹세하다
起(お)こす : 일으키다, 깨우다
芝大門(しば–だいもん) : 시바다 이몬 (지명)
大門精養軒(だいもん–せいようけん) : 다이몽 세이요켄(상호)
高須八蔵(たかす–はちぞう) : 다카스 하치죠(인명)
工業会(こうぎょうかい) : 공업회
理事長(りじちょう) : 이사장
小僧(こぞう) : 나이 어린 중, 나이 어린 점원
刻(きざ)む : 잘게 썰다
寝泊(ねとま)り : 숙박
学業(がくぎょう) : 학업
決意(けつい) : 결의, 결심
鉄板(てっぱん)みがき : 철판 닦는 일
配達(はいたつ) : 배달
皿洗(さらあら)い : 접시 닦는 일
喫茶部(きっさぶ) : 차 분야
見習(みなら)い : 견습, 수습(생)
出口(でぐち) : 출구
親方(おやかた) : 우두머리, 주인, 기예의 스승
徒弟制度(とていせいど) : 도제 제도
両方(りょうほう) : 양쪽
盗(ぬす)み取(と)る : 훔쳐서 내 것으로 하다, 절취하다
前夜(ぜんや) : 전야
信頼(しんらい) : 신뢰
口金(くちがね) : 물림쇠(지갑 등의 아가리를 여닫음)
寸分(すんぶん) : 조금도, 약간, 전혀
違(ちが)わぬ : 다르지 않다
左(ひだり)きき : 왼손잡이
左回(ひだりまわ)り : 왼쪽으로 돎
有頂天(うちょうてん)だ : 기뻐서 어찌 할 줄 모르다
係(かかり) : 계, 담당, 담당 직원
昇格(しょうかく) : 승격
宮内庁(くないちょう) : 궁내청(황실 사무를 보는 관청)
納(おさ)める : (금품을) 납부하다, 납품하다
心意気(こころいき) : 마음가짐, 의향, 의지

중요어구

41 ジャンヌ・ダルク(= Jeanne d'Arc) : 잔 다르크 [= 1412~1431、オルレアンの乙女(おとめ)とも呼ばれるフランスの国民的英雄で、カトリック教会における聖人(せいじん)。오를레앙의 소녀라고 불리는 프랑스의 국민적 영웅으로, 가톨릭교회에 있어서의 성인]

[그림-26]

42 オルレアン(= Orléans) : 오를레앙 [= フランス中北部の都市、1429年百年戦争時、ジャンヌ·ダルクが英軍の手元(てもと)からこの都市を奪(うば)い返(かえ)した事実は有名だ。프랑스 중북부의 도시로, 1429년에 일어난 백년전쟁에서 잔 다르크가 영군의 수중으로부터 도시를 탈환한 사건으로 유명하다]

[그림-27]

43 乙女(おとめ) : 소녀, 아가씨, 처녀 [= 年の若い女、未婚(みこん)の女性むすめ、処女(しょうじょ)]

▶ いのち短し恋せよ乙女、明日の月日(つきひ)はないものを。
인생은 짧도다. 사랑하라 소녀여! 내일의 세월은 기약할 수 없으니.

▶ 高貴(こうき)な王子(おうじ)たちと、美しい乙女のために、彼らが行った勇敢(ゆうかん)な行為(こうい)の物語。
고귀한 왕자들과 아름다운 소녀들을 위해, 그들이 행한 용감한 행동의 이야기.

44 我慢(がまん)ならない : 참을 수 없다 [= がまんできない。can't bear(stand), have no patience with]

▶ がまんならない侮辱(ぶじょく)を受ける。
참을 수 없는 수모를 겪다.

▶ 彼は二番目じゃがまんならない実力者(じつりょくしゃ)なんだ。
그는 둘째 가라면 서러운 실력자다.

45 貪(むさぼ)る : 탐하다, 한없이 욕심 부리다 [= 飽(あ)きることなくほしがる、 際限(さいげん)なくある行為を続ける、がつがつ食べる] * 際限(さいげん)なく끝없이

▶ 生後(せいご)3週間の子猫(こねこ)がむさぼるように哺乳瓶(ほにゅうびん)からミルクを飲むムービー。

생후 3주된 새끼 고양이가 게걸스럽게 젖병으로 우유를 마시는 영상.

▶ 彼は残ったビスケットとチーズをむさぼり食った。

그는 남은 비스켓과 치즈를 게걸스레 먹어 치웠다.

▶ 彼女はまだ12歳のときに新聞を買い、むさぼり読むようになった。

그녀는 겨우 12살 때 신문을 사서 탐독하기 시작했다.

46 腕一本(うで-いっぽん) : 맨 몸, 맨 주먹 [= 地位·財産もなく、自分のからだ以外に頼(たよ)るものがないこと。지위 재산도 없이 자기 몸 이외 어디하나 의지할 데가 없는 것]

▶ 彼は自分の腕一本でたたきあげた人です。

그는 자신의 능력 하나로 자수성가한 사람입니다.

▶ 技術者は腕一本でどこでも食える。

기술자는 자신의 몸 하나로 어디에서든 먹고 살 수 있다.

▶ 腕一本できずきあげた財産だ。

맨주먹하나로 쌓아올린 재산이다.

47 子供心(こども-ごころ) : 어린 마음, 동심 [= 子供の心、がんぜない9)、おさな心]

▶ こどもごころをもう一度心の中で立ち上げてもらいたい。

9) がんぜない(頑是無い) : (A) 철없다, 분별없다

동심이 한 번 더 마음속에서 일어나기를 바란다.

▶ こどもごころで人生をもっと楽しく面白く。

동심으로 돌아가 인생을 좀 더 즐겁고 재미있게.

48 誓(ちか)う : 맹세하다, 굳게 결심하다 [= 神仏(しんぶつ)に対してあることを固く約束する。make a vow]

▶ 私は今後はもっと気をつけようとひそかに誓った。

나는 앞으로 더욱 신중하겠다고 남몰래 다짐했다.

▶ 若(わか)い弁護士(べんごし)は、社会のさまざまな害悪(がいあく)と戦(たたか)おうと心に誓った。

젊은 변호사는 사회의 여러 가지 해악과 맞서 싸우기로 마음속으로 맹세했다.

▶ 神の前に愛を誓って結婚した二人が、ああも簡単に別れてしまうものだろうか。

신 앞에서 사랑을 맹세하고 결혼한 두 사람이 저렇게도 간단히 헤어져버릴까?

49 芝大門(しばだいもん) : 시바다이몬 [= 東京都港区(みなとく)の地名。現在の町丁(ちょうちょう)では芝大門一丁目と芝大門二丁目がある、人口は1,445人(2009年)]

50 大門精養軒(だいもん-せいようけん) : 시바 다이몬에 위치 한 양과자 집 [= 仏料理の老舗(しにせ)上野精養軒が主力(しゅりょく)。上野公園内や都内百貨店中心に多業態(たぎょうたい)のレストランを展開、築地(つきじ)精養軒、神田(かんだ)精養軒、神戸(こうべ)精養軒、ホテル精養軒など ある、1918年(大正7)株式会社精養軒を設立]

[그림-28] 上野精養軒(1876年、明治9年開業)

51 高須八蔵(たかす-はちぞう) : 다카스 하치죠오 [= 全일본 양과자 공업회사 이사장]

52 小僧(こぞう) : 나이 어린 중(점원), 꼬마, 나이 어린 남자를 얕잡아 일컫는 말, 애송이 [= 仏門(ぶつもん)に入って、 まだ修行中(しゅぎょう-ちゅう)の男の子、小坊主(こ-ぼうず)、小店員(しょう-てんいん)、こわっぱ、小僧(こぞっ)子。접미어적으로도 사용]

▶ 前垂(まえだ)れ掛(か)けの小僧。

앞치마를 두른 어린 점원.

▶ 年端(としは)も行(い)かぬ小僧がゆったりと構(かま)えて座っている。

나이도 어린 녀석이 착 버티고 앉아 있다.

▶ 小僧がなにをぬかすか。

애송이 놈이 무슨 잔소리냐?

▶ いたずら小僧をやっつけてやった。

장난꾸러기 녀석을 혼내 주었다.

---

53 カステラ(= Castella) : 카스테라 [= 卵を泡立(あわだ)てて小麦粉(こむぎこ)、砂糖を混ぜ合わせた生地(きじ)をオーブンで焼いた菓子のひとつ。계란에 거품을 일어 밀가루, 설탕을 혼합한 반죽을 오븐에서 구운 과자의 한 종류]

[그림-29]

---

54 刻(きざ)む : (요리) 잘게 썰다, 다지다 [= 刃物(はもの)で物を細かく切る]

▶ 刻んだ野菜をすべてキャセロールなべに入れます。

잘게 썬 채소를 전부 찜 냄비에 넣습니다.

▶ とうがらしを刻む時には、肌(はだ)がひりひりすることがあるのでゴムの手袋をしなさい。

고추를 썰 때는 피부가 따끔 거릴 수 있으니 고무장갑을 끼세요.

55 寝泊(ねと)まりする : 숙박하다 [= そこに宿泊(しゅくはく)すること。stay, put up]

▶ 宿屋(やどや)にねとまりして小説を書く。

여관에 숙박하면서 소설을 쓴다.

▶ 私の熱烈(ねつれつ)なファンが家に忍(しの)び込(こ)んで寝泊りしていたのよ。

나의 열렬한 팬이 집에 몰래 들어와 숙박하고 있었어요.

▶ デモ隊は夕方には再び公園に集まっていますが、寝泊まりなどを禁止する措置(そち)が出ています。

데모대는 저녁에 다시 공원에 모여 있는데 숙박 등을 금지하는 조치가 나옵니다.

56 ばかに(馬鹿に) : 몹시, 매우 [= ずいぶん、ひどく、すごく]

▶ 此の所ばかにちょうしがいい。

요즘 매우 상태가 좋다.

▶ ばかに大きい。

매우 크다.

▶ 馬鹿に鉄面(てつめん)な野郎(やろう)だから。

굉장히 낯가죽이 두꺼운 놈이니까.

57 起(お)こす : 일으키다, 깨우다 [= 横になったものを立てる、目を覚まさせる。raise, wake up]

▶ 眠(ねむ)っているライオンを起こすな。
잠든 사자를 깨우지 말라.

▶ 豆乳(とうにゅう)にアレルギー反応(はんのう)を起こす子供もいる。
두유에 알레르기 반응을 일으키는 아이들도 있다.

▶ 十分(じゅうぶん)に調理(ちょうり)されていない食べ物は食中毒(しょくちゅうどく)を起こすことがある。
충분히 익히지 않은 음식은 식중독을 유발할 수 있다.

58 親方(おやかた) : 우두머리, 주인, 기예의 스승 [= 中世時代の徒弟(とてい)制度で職人·弟子·奉公人(ほうこうにん)などを指導·保護する立場にある人。他に相撲(すもう)の年寄りを敬(うやま)って言う言葉。중세시대의 도제제도에서 장인·제자·고용살이하는 사람 등을 지도·보호하는 입장의 사람, 그 외 나이 든 스모 선수를 존경하는 말]

59 徒弟制度(とてい-せいど) : 도제제도 [= 中世ヨーロッパの手工業ギルドにおいて、親方·職人·徒弟の3階層によって技能教育を行った制度。また、一般に日本の年季奉公(ねんき-ぼうこう)·丁稚(でっち)などの制度もいう。중세 유럽의 수공업 길드에서 감독·장인·도제 3개의 계층으로 기술 교육을 실시했던 제도, 또 일반적으로 일본의 고용살이·견습생 등의 제도라는 뜻도 있음]

[그림-30]

60 名残(なごり) : (흔적, 영향, 추억 등이) 남아있음 [= 跡形(あとかた)、余韻(よいん)]

▶ 昨夜(さくや)の雨は<u>名残</u>もなく晴(は)れ渡(わた)る。
어제 밤의 비는 흔적도 없이 활짝 개다.

▶ 地面(じめん)には冬の<u>名残</u>の雪がうっすらとあった。
땅바닥에는 겨울눈이 내린 흔적이 조금 남아 있었다.

▶ 牛丼(ぎゅうどん)は牛肉(ぎゅうにく)と玉(たま)ねぎを煮込(にこ)んで丼(どんぶり)に盛(も)った飯(めし)の上に載(の)せた料理だが、`すき焼(や)き丼(どん)`の<u>名残</u>でしらたきをいっしょに煮込(にこ)むこともある。
'규동'은 소고기와 양파를 조려서 그릇에 담은 밥 위에 얹은 요리인데, '스키야키동'의 느낌으로 가느다란 실곤약을 같이 넣어 끓이는 것도 있다.

61 盗(ぬす)み取(と)る : 훔쳐서 내 것으로 하다, 절취하다
[= 手(て)を掛(か)ける、手を出(だ)す]

▶ 個人情報(こじんじょうほう)を盗み取るフイッシング詐欺(さぎ)にご注意(ちゅうい)ください。
개인정보를 훔쳐가는 피싱 사기에 주의하십시오.

▶ 木(き)こりが山菜(さんさい)を採(と)りに山に入ったところ、猿が来て昼食(ちゅうしょく)を盗み取って逃(に)げていった。
나무꾼이 산나물을 캐러 산으로 들어간 사이에 원숭이가 와서 점심밥을 훔쳐 도망갔다.

▶ 家人(かじん)などが不在(ふざい)の住宅(じゅうたく)の屋内に侵入(しんにゅう)して現金(げんきん)や物品(ぶっぴん)を盗み取るものを空(あ)き巣(す)という。
집주인이 집을 비운 주택 내부에 침입해서 현금이나 물품을 훔치는 것을 빈집털이라고 한다.

cf) ~取(と)る : 어떤 행위를 통해 취하다

▶ 彼は私の家と家庭を奪(うば)い取った。
그는 내게서 집과 가정을 빼앗아갔다.

▶ 至(いた)れり尽(つ)くせりの看病(かんびょう)のかいもなく彼は息(いき)を引き取った。
정성 어린 간병의 보람도 없이 그는 숨을 거두었다.

▶ ぶどうの液(えき)を一滴(いってき)も残(のこ)さず搾(しぼ)り取った。
포도즙을 한 방울도 남기지 않고 짜냈다.

62 作(つく)りかけ : (N) 거의 만듦, 미완성

▸ 彼のほぼ全(すべ)ての作品は、途中(とちゅう)までの作りかけの状態(じょうたい)で中断(ちゅうだん)されている。

그의 거의 모든 작품은, 도중에 만들다 만 상태로 중단되어 있다.

▸ 遺跡(いせき)の中央(ちゅうおう)には城(しろ)があり、その北西部(ほくせいぶ)には作りかけの寺院(じいん)が残(のこ)っている。

유적의 중앙에는 성이 있고 그 북서부에는 미완성의 사원이 남아있다.

▸ このプログラムはまだ作りかけなので、データが一部(いちぶ)足(た)りなかったりすることもあります。

이 프로그램은 아직 미완성이기 때문에 데이터가 일부 부족하기도 합니다.

cf) ～かける : ～하기 시작하다, 중도까지 ～하다, ～하다 말다, ～ㄹ 뻔하다 [= しはじめる、途中まで～する、今にも～しそうになる ('거의 실현될 듯하다')]

▸ 建(た)てかけた家。짓기 시작한 집

▸ 冗談(じょうだん)を言いかけてやめた。

농담을 하기 시작하다가 그만두었다.

▸ 彼はいきなり料理を食べかけたまま席(せき)を立った。

그는 갑자기 음식을 먹다 만 채로 자리를 떴다.

▸ 書きかけのまま、しばらく放置(ほうち)していた論文(ろんぶん)の ファイルを開(ひら)いた。

쓰다만 채로 당분간 방치해놨던 논문 파일을 열었다.

▸ 忘(わす)れ掛けてた事。

잊어버릴 뻔한 일.

63 口金(くちがね) : 짤 주머니 깍지, 금속꼭지, 물림쇠 [= 財布などの袋状(ふくろじょう)の物に開閉(かいへい)のために取りつける金具(かなぐ)、電球のうちソケットに接続させる金具の部分を指(さ)す。지갑 등 주머니 모양의 물건에 개폐를 위해 다는 쇠 장식, 전구 안 소켓에 접속시키는 금속 부분을 가리킴]

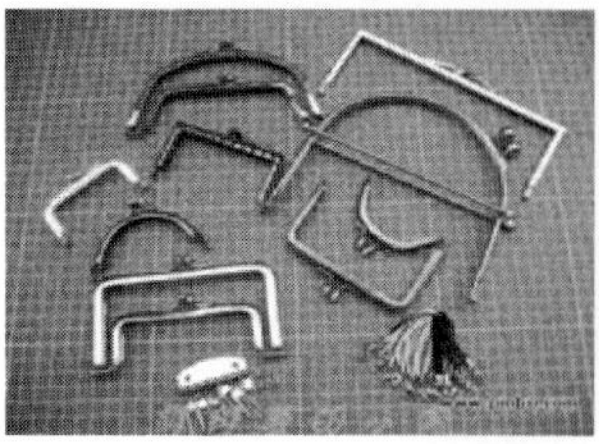
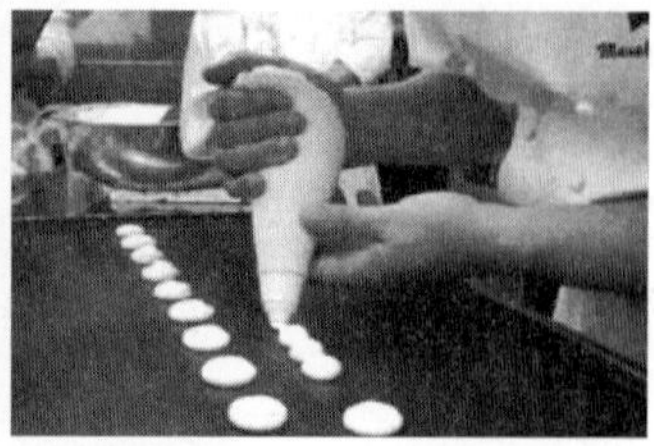

サイズ / 口金種類	キャッパー大
花口金	#7～#10
丸口金	#10～#12
バラ口金	#2#3#4
ハッパ口金	#7 #8
両目口金 片目口金	#2 #3

[그림-31]

64 寸分(すんぶん)違(ちが)わぬ : 조금도 다르지 않다, 조금도 [= 寸分違わない]

▸ 実物(じつぶつ)と寸分違わない。
실물과 조금도 다르지 않다.

▸ その双子(ふたご)の姉妹(しまい)は寸分違わぬ容姿(ようし)だ。

그 쌍둥이 자매는 똑 닮았다.

▸ 今日は雨が降りそうだと言った母の予想(よそう)が寸分違わぬくらい当(あ)たった。

오늘 비가 올 것 같다던 엄마의 예상이 바로 맞았다.

---

65 ばれる : 들통 나다, 발각되다, 드러나다 [= 秘密や隠し事などが露見(ろけん)する、発覚(はっかく)する]

▸ 彼は嘘(うそ)がばれるのではないかとひやひやしている。

그는 거짓말이 탄로 나지 않을까 조마조마하다.

▸ 有名な歌手の歌が盗作(とうさく)であることがばれた。

유명한 가수의 노래가 표절한 작품이라는 것이 폭로되었다.

▸ 公金(こうきん)の使い込(こ)みがばれた日には首(くび)になる。

공금 횡령이 들통 나는 날엔 회사에서 잘린다.

---

66 左利(ひだりき)き : 왼손잡이 [= 一般的に人間の手の内の利(き)き手が左であること、またはそのような人のことを指す。左利きの人は一般的に右手に比べて左手をより多く使う。例えば、文字を書く、料理をする、箸(はし)を使うなどである。左利きは全ての動作(どうさ)を左手で行うと思われがちだが、実際には完全な左利きは少ない。일반적으로 인간의 손 중 작용하는 손이 왼손인 것, 또 그런 사람을 가리킨다. 왼손잡이 사람은 일반적으로 오른손에 비해 왼손을 많이 쓴다. 예를 들면, 문자 쓰기, 요리 등이다. 왼손잡이는 모든 동작을 왼손으로 행한다고 생각하기 쉽지만 실제 완전한 왼손잡이는 적다]

---

67 叩(たた)き潰(つぶ)す : 때려잡다, 때려 으깨다 [= 打(う)ち倒(たお)す]

▸ 蚊(か)を叩き潰す。

모기를 때려잡다.

▸ これは、叩き潰した納豆(なっとう)、青菜(あおな)、豆腐(とうふ)がセットになっている。

이것은 으깬 낫토, 푸른 채소, 두부가 세트로 되어 있다.

68 呟(つぶや)く : 중얼거리다. 투덜거리다 [= 小さい声でひとりごとを言う、主に不平などをぶつぶつと、聞き取れないほどの小声で言う。mutter, murmur]

▸ 口の中でつぶやく。

입안에서 중얼거리다.

▸ ぶつぶつ呟いていないで、言いたいことがあるのならはっきり言(い)いなさい。

투덜투덜 거리지 말고 말하고 싶은 것이 있다면 분명히 말해요.

69 有頂天(うちょう-てん)だ : (Av) 기뻐서 어찌 할 줄 모르다 [= 得意の絶頂(ぜっちょう)であるさま。 大得意(だい-とくい)だ、fall into raptures(ecstasy)、色界(しきかい)の中で最も高い天である色究竟天(しきくきょうてん)のこと、形ある世界の頂]

▶ 試験に合格して<u>有頂天に</u>なる。

시험에 합격하여 기뻐 어쩔 줄 모르다.

▶ 良い知らせを聞いて<u>有頂天に</u>なっていた。

좋은 소식을 들어 어쩔 줄 모르다.

▶ <u>有頂天に</u>なって賞(しょう)をもらったときのことを話した。

신나게 상을 탔던 그 때를 이야기 했다.

---

70 宮内庁(くないちょう) : 궁내청, 황실에 관한 사무를 맡아 보는 관청 [= 内閣総理大臣の管理に属し、皇室関係の国家事務および政令(せいれい)で定める天皇の国事に関する行為にかかる事務をつかさどり、 御璽(ぎょじ、옥새)・国璽(こくじ、국새)を保管する行政機関]

---

71 納(おさ)める : (금품을) 납부하다, 납품하다 [= 納入(のうにゅう)する。deliver, pay]

▶ 税(ぜい)を<u>収める</u>。

세금을 납부하다.

▶ 授業料を<u>収める</u>。

수업료를 납부하다.

▶ 部品(ぶひん)は水曜日まで<u>おさめ</u>ます。

부품은 수요일까지 납품하겠습니다.

72 心意気(こころ-いき) : 마음가짐, 의향, 의지 [= 気だて、心ばえ、特にさっぱりした気性、積極的に取り組もうとする気構(きがま)え、意気込み、気概(きがい)]

- なにものを恐れない心意気。

  그 어떤 두려움을 모르는 기상. 마음가짐.

- 青年の心意気に感ずる。

  청년의 의기에 감동하다.

3-3

《考える職人》　立松さんは焼き物から仕上げの飾り職人へととんとん拍子[73)]に進んだ。そして1963年の東日本洋菓子大会を迎えたのである。この大会には精養軒から3人の職人が参加する予定になっていたが、都合[74)]で3人とも出られなくなった。この大会は初級が経験4年未満、中級が4年以上8年まで、高級が8年以上と三つのクラスに分かれている。

「洋菓子の老舗[75)]である精養軒からだれも出ないというのは名誉にかかわります。ぜひ私に参加させてください」と立松さんは高須社長に申し出た[76)]。大会は持ち込みと会場製作の二つの作品で審査される。持ち込みのバースデー・ケーキは8時間かけて作った。ジャムで作った真紅[77)]のバラの花をあしらい[78)]、チョコレートでドイツ文字を描いた[79)]。会場製作はクリスマスケーキ。立松さん得意[80)]の繊細な線で唐草[81)]模様[82)]を飾った。いきなり中級に参加した立松さんであったが、両作品とも第一席[83)]、文句なし[84)]の完全優勝であった。新しい菓子職人の誕生である。

彼の写真の作品を見ていただきたい。お気づき[85)]のように立松さんの特徴は、グラス・ロワイヤルの糸のように

細いみごとな線である。0.5ミリと極限[86]にまでしぼり込んだ[87]ライン。それをただ下方にたらす[88]だけではなく、同じ形で上の方に向かっても美しい弧を描いている。ある大会の審査員がこれを見て、「細い針金[89]に砂糖を吹きつけて[90]ある」と疑ったそうだが、それほど立松さんの線は神業[91]に近い。

いかにも「考える職人」らしい立松さんのひとつのエピソードを紹介しよう。 確かにこれまでも上方に向かって弧を描く線はあった。しかしこの場合、紙の上にグラス·ロワイヤルの線を描いて、それが固まったところで紙からはがして[92]上に向けて張りつける[93]のである。したがって線の断面は半円形[94]になっている。

立松さんはどうしても線の太さが不ぞろい[95]になるこの方法に代わるものはないだろうかと考えた。「ふっと気づいたのですが、下にたらしてUの字のようには簡単にできるのですから、そうしておいて固まったら、その天地[96]をひっくり返して[97]張りつければ問題ないわけです。つまりUの字を逆にして∩にすれば断面だって真円[98]になって、見た目[99]も美しいんです」

聞いてみればなんのことはない[100)]。まさに、"コロンブスの卵[101)]" である。ここにも立松さんの職人気質[102)]が生きている。以来、世界中の菓子職人がこの"立松方式"をとり始めるようになったことはいうまでもない。しかし残念ながら、立松さんのような0.5ミリという細い線を常に均一に[103)]、20センチも25センチもU字型[104)]に引ける職人は一人もいないのである。

「立松君の熱心さ、器用さ[105)]が洋菓子の本場フランスでみごとに開花して実を結んだ[106)]という感じですねえ。ドゴール杯をとった彼の五重の塔はパリの料理博物館に収められて[107)]いますが、洋菓子の歴史の一ページを飾る作品を日本人が作ったと思うと感慨[108)]深いですねえ」

東京・神田の洋菓子店エス・ワイル[109)]の大谷長吉氏[110)](サンミシェル洋菓子協会名誉会員)はこう言っている。

한자의 読み方

とんとん拍子(びょうし) : 일이 순조롭게 빨리 진척됨

都合(つごう) : 형편, 사정

未満(みまん) : 미만

中級(ちゅうきゅう) : 중급

高級(こうきゅう) : 고급

舗(しにせ) : 전통을 이어온 오래된 점포

名誉(めいよ) : 명예

申(もう)し出(で)る : 신청하다

会場製作(かいじょう–せいさく) : 회장 제작

審査(しんさ) : 심사

真紅(しんく) : 진홍(짙게 붉은 색)

描(えが)く : 그리다, 표현하다

得意(とくい) : 능숙함, 자신이 있음

唐草(からくさ) : 당초, 덩굴무늬

模様(もよう) : 무늬, 모양

第一席(だい–いっせき) : 1등

文句(もんく)なし : 불만 없음

特徴(とくちょう) : 특징

極限(きょくげん) : 극한, 한계점

下方(かほう) : 아래쪽 ↔ 上方 (じょうほう)

針金(はりがね) : 철사

吹(ふ)きつける : 내뿜다, 분사하다

神業(かみわざ) : 신기

張(は)りつける : 붙이다

断面(だんめん) : 단면

半円形(はんえんけい) : 반원형

太(ふと)さ : 굵기

U字型(じかた) : U자형

不(ふ)ぞろいだ : 가지런하지 않다, 고르지 않다

固(かた)まる : 굳다

天地(てんち) : 위아래

ひっくり返(かえ)す : 뒤집다, 뒤엎다

逆(さか)に : 거꾸로

真円(しんえん) : 완전한 원

見(み)た目(め) : 겉보기, 외관

気質(きしつ) : 기질, 성미, 성향

均一(きんいつ)に : 균일하게

器用(きよう)だ : 손재주가 있다, 솜씨가 좋다

開花(かいか) : 개화

実(み)を結(むす)ぶ : 결실을 맺다

収(おさ)める : 모으다, 간수하다

感慨深(かんがい–ぶか)い : 감개무량하다

大谷長吉(おおだに–ながよし) : 서양요리가

洋菓子協会(ようがし–きょうかい) : 양과자협회

名誉会員(めいよ–かいいん) : 명예회원

중요어구

73 とんとん拍子(びょうし) : 일이 순조롭게 빨리 진척됨 [= 速く、支障(ししょう)なく、quickly, rapidly, without a hitch]

▸ とんとん拍子に出世(しゅっせ)する。

순조롭게 출세하다

▸ とんとんん拍子に昇進(しょうしん)する。

순조롭게 승진하다

74 都合(つごう) : 형편, 사정 [= 何かをするときにほかの物事に影響を及(およ)ぼす事情(じじょう)、わけ、ぐあいがよいか悪いかということ]

▸ 曇っていてもかまいませんが、晴れなら、なおのこと都合がよいのです。

날씨가 흐려도 괜찮지만, 맑으면 더욱 좋지요.

▸ お会いするのは何時でもかまいませんが、先様(さきさま)の都合に会わせます。

만나는 것은 몇 시든 상관없는데 그 분 사정에 맞추겠습니다.

75 老舗(しにせ) : 전통을 이어온 오래된 점포 [= 代々(だいだい)続いて同じ商売(しょうばい)をしている格式のある店]

▶ 父の死後、母が<u>老舗</u>ののれんを守ってきた。

아버지가 돌아가신 후, 어머니께서 가게의 영업권을 지켜왔다.

▶ 5代目続いた<u>老舗</u>。

5대 째 이어온 가게.

▶ 創業百年を誇る<u>老舗</u>。

창업 백년을 자랑하는 오래된 점포.

76 申(もう)し出(で)る : 신청하다, 요구하다, 신고하다 [= 意見や希望などを自分から言って出る。offer, propose]

▶ 生徒たちは先生に宿題を減(へ)らしてほしいと<u>申し出た</u>。

학생들은 선생님에게 숙제를 줄여달라고 요청했다.

▶ 手配(てはい)の人物を見掛けたら警察に<u>申し出て</u>ください。

수배한 사람을 보면 경찰에게 신고해 주십시오.

▶ 彼は破産(はさん)した航空会社の資産に100万ドルの支払いを<u>申し出る</u>ことができる。

그는 파산한 항공사의 자산에 대해 100만 달러지급을 요구할 수 있다.

77 真紅(しんく) : 진홍, 진한 붉은 색 [= 濃(こ)い紅色(べにいろ)、まっか。deep red, scarlet, crimson]

▶ 真紅の月が沈むまで、ずっと学校に残っていた。

붉은 달이 질 때까지 계속 학교에 남아 있었다.

▶ 射撃(しゃげき)練習場は、数列(すうれつ)の真紅の照明装置を使って下から照明されている。

사격연습장은 줄지어 늘어선 진홍색 조명장치를 사용해서 아래에서 불을 비추고 있다.

78 あしらう : 접대하다, 적당히 다루다, 곁들이다 [=「あえしらう → あいしらう → あしらう」の音変化、'しらう'は '互いに~し合う'の意、応対(おうたい)する、相手を軽(かろ)んじた扱いをする、取り合わせる]

▶ 彼女は生け花の松の根元(ねもと)に巧(たく)みに菊をあしらった。

그녀는 꽃꽂이의 소나무 뿌리에 교묘하게 국화를 조화시켰다.

▶ 市の役人は彼を適当にあしらって追い払った。

시공무원은 그를 적당히 접대하고 쫓아버렸다.

▶ 板前(いたまえ)は刺身(さしみ)に大根(だいこん)のつまをあしらった。

주방장은 생선회에 채썬 무를 곁들였다.

79 描(えが)く : 그리다, 표현하다, 묘사하다 [= 物の形を絵や図にかき表す)]

▶ びょうぶにはきれいな牡丹(ぼたん)が描かれていた。

병풍에는 아름다운 모란이 그려져 있다.

▶ バルザックは当時の社会の多様な現象を生き生きと描いた。

발자크는 당시 사회의 다양한 현상을 생생하게 표현했다.

▶ 彼は随筆(ずいひつ)の中で戦争体験を描いている。

그는 수필 속에서 전쟁체험을 묘사하고 있다.

80 得意(とくい)だ : (Av) 흐뭇하다, 우쭐거리다, 숙달되어 있다, 자신이 있다 [= 最も手なれていて自信があり、じょうずであること]

▶ 彼は有名人と並んで写真をとっては得意になっている。

그는 유명인과 나란히 사진을 찍은 것을 흐뭇해하고 있다.

▶ だれでも一つぐらいは得意なものがあるものだ。

누구라도 하나정도는 잘하는 것이 있다.

▶ 論争(ろんそう)の巧(たく)みな少年だったから、相手(あいて)が大人であっても得意の理屈(りくつ)でなで切(き)りにしていった。

논쟁에 능란한 소년이었기 때문에 상대가 어른이라도 자신만만한 논리에 모조리 당했다.

81 唐草(からくさ) : 당초, 덩굴무늬 [=「唐草文様」の略、つる草がからみ合うさまを図案化(ずあんか)した模様、arabesque design]

▸ 唐草模様の鉄門(てつもん)をがたんと閉める。

덩굴무늬 모양의 철문을 철커덕 닫는다.

▸ これは唐草模様だと思っている人もいるでしょうが、正しくは渦巻紋(うずまきもん)なんです。

이것은 덩굴무늬라고 생각하는 사람도 있겠지만, 정확히는 소용돌이 무늬입니다.

▸ 通路には金色(きんいろ)の唐草模様のじゅうたんが敷かれています。

통로에는 금색 덩굴무늬의 융단이 깔려있습니다.

[그림-32]

82 模様(もよう) : 무늬 [= 種々(いろいろ)の絵や形]

▶ 14世紀に幾何学模様の壁の装飾がはやった。

14세기에는 기하학적 무늬 벽장식이 유행했다.

▶ ギリシャの渦巻(うずまき)模様が彫刻された美しい椅子一組(ひとくみ)。

그리스식 소용돌이 무늬가 새겨진 멋진 의자 한 세트.

83 第一席(だい-いっせき) : 제1등, 최고자리, 첫 번째 [= 第一番、第一位]

▶ 第一席から第八席までの短所を整理する。

1등부터 8등까지의 단점을 정리하다.

▶ 兄は競走で第一席を取って鼻高々(はなたかだか)だ。

형은 달리기에서 1등을 따서 의기양양하다.

cf) ～席(せき) : (접미) ～석, 등 [= 名詞の後に付いて、すわる場所と成績·順位を表わす]

▶ 新幹線指定席(신간센 지정석), 有料観覧席(유료 관람석), 入選第一席(제1등 입선)

84 文句(もんく)なし : 불만 없음, 트집 잡을 곳 없음, 이의 없음 [= `文句ない`의 명사형, 苦情(くじょう)を言う余地(よち)のないさま]

▸ スペインやその他の国の人々に対しては何の文句ない。

스페인이나 그 외의 다른나라 사람들에 대해서는 아무런 불만이 없다.

▸ 彼が作ったものは文句無しの出来栄(できば)えの家具だった。

그가 만든 것은 흠잡을 데가 없는 솜씨의 가구였다.

▸ 会場に集まった人々は文句無しに賛成した。

회의장에 모인 사람들은 이의 없이 찬성했다.

85 お気(き)づき : 알아차리다, 눈치 채다 [= `気づき`의 존경어, 相手が気付(きづ)くことを敬(うやま)っていう語]

▸ あなたはその制度にお気づきですか。

당신은 그 제도에 대해 알고 계십니까?

cf) 気付(きづ)く : 눈치 채다, 알아차리다, 깨닫다, 의식을 회복하다, 정신이 들다 [= 五感により意識する、悟(さと)る、感づく。notice, become aware, realize, discover, sense]

▸ 自分(じぶん)の欠点(けってん)に気づく。

자기의 결점을 깨닫다.

▸ お前の下心(したごころ)は、とっくのむかしに気づいた。

너의 속마음은 훨씬 옛날에 알아챘다.

▸ ぼくは、大事な書類を落としたことに<u>気づき</u>、一瞬(いっしゅん)、目の前が真っ黒になった。

나는, 중요한 서류를 빠트린 것을 알아차리고 순간 눈앞이 캄캄해졌다.

▸ <u>きづい</u>たときは病院だった。

정신이 들었을 때는 병원이었다.

---

86 極限(きょくげん) : 극한, 한계점 [= 物事の限度(げんど)ぎりぎりのところ、limit, extremity]

▸ 能力の<u>極限</u>まで努力する彼女の姿が美しい。

능력의 한계점까지 노력하는 그녀의 모습이 아름답다.

▸ 職場で首になって、彼氏は貧困(ひんこん)が<u>極限</u>に達する。

직장에서 해고를 당해 그는 가난이 극한에 달했다.

▸ 人々の緊張(きんちょう)も<u>極限</u>に達(たっ)して、隠(かく)れ家(が)の中は息苦(いきぐる)しい雰囲気(ふんいき)に包(つつ)まれていた。

사람들의 긴장도 극한에 다다라 은신처 안은 숨 막히는 분위기에 휩싸여 있었다.

---

87 しぼり込(こ)む : 어떤 물건을 쥐어짜다, 한정시키다 [= 水分などを絞(しぼ)って中へ入れる、多くの中から条件を定めて数や範囲を小さくしていく、搾(しぼ)り取る]

▶ 母はレモン汁をしぼり込んでジュースを作ってくれる。

엄마는 레몬즙을 짜서 주스를 만들어 준다.

▶ 一滴(いってき)も残さず極限までしぼり込んだ。

한 방울도 남기지 않고 끝까지 짜냈다.

▶ 人数(にんずう)を5人にしぼり込んだ。

인원수를 5명으로 압축했다.

88 垂(た)らす : 늘어뜨리다, 처지다, 흘리다, 떨어뜨리다 [= 液体(えきたい)などを少しずつ上方(じょうほう)から流す、ぶらさげる、したたらす]

▶ ケーキを見て少年はよだれをたらした。

케이크를 보고 소년은 군침을 떨어뜨렸다.

▶ 少女は長い髪を背にたらしていた。

소녀는 긴 머리카락을 등 뒤로 늘어뜨리고 있었다.

▶ クリームにバニラエッセンスをたらした。

크림에 바닐라 추출액을 떨어뜨렸다.

▶ 授業中(ちゅう)、となりの子がよだれを垂らしていねむりをしています。

수업 중에 옆 아이가 침을 흘리고 졸고 있습니다.

89 針金(はりがね) : 철사 [= 金属を細長(ほそなが)く伸ばして線状(せんじょう)にしたもの]

▶ 針金がぐにゃぐにゃと曲(ま)がっている。

철사가 꾸불꾸불 휘어져 있다.

▶ 生徒が<u>針金</u>を曲げたり、伸(の)ばしたりして作った工作(こうさく)が飾(かざ)られていた。

학생이 철사를 구부리거나 펴기도 하여 만든 공작이 장식되어 있었다.

▶ ほとんどの<u>針金</u>が折(お)れて形が崩(くず)れると、元の状態に戻ることはない。

대부분의 철사가 구부러져 형체가 흐트러지면, 원 상태로 돌아오지 않는다.

---

90 吹(ふ)きつける : 세차게 불다, 내뿜다, 분사하다 [= 風が強く吹き当たる、液体などを吹いて霧状(きりじょう)にして付着(ふちゃく)させる)]

▶ 北風(きたかぜ)が落ち葉を垣根(かきね)に<u>吹き付け</u>た。

폭풍이 낙엽을 담장으로 몰아쳤다.

▶ 板(いた)に黄色(きいろ)のペイントを<u>吹きつけ</u>て完成した。

판자에 노란색 페인트를 분사해서 완성했다.

---

91 神業(かみわざ) : 신의 조화, 신기, 재주 [= 神(かみ)の仕業(しわざ)、 そのような超人間的な技術や行為(こうい)、神技(しんぎ)、奇跡(きせき)、離(はな)れ技(わざ)。act of God, miracle, feat]

▶ 実験の後、色の変化が文字通りの<u>神業</u>だ。

실험 후, 색의 변화가 문자 그대로 신의 조화다.

▶ あの料理人の包丁(ほうちょう)さばきは、まさに神業だ
저 요리사의 부엌칼 다루는 솜씨는 정말 기막힌 재간이다.

▶ 剣(けん)をぬく速さは、まさに神業だ。
칼을 뽑는 속도는 그야말로 신의 경지이다.

---

92 剥(は)がす : 벗기다, 떼다 [= 付着(ふちゃく)しているものを剥(は)ぎ取る、めくり取る。tear off]

▶ ラベルをはがすのに2日かかった。
라벨을 벗기는 데 이틀이 걸렸다.

▶ ペンキをはがすときは、きちんと部屋を換気(かんき)しなさい。
페인트를 벗겨 낼 때에는 제대로 방을 환기하시오.

▶ ケーキの底にパラフィン紙がくっついていれば、それをはがしなさい。
케이크 바닥에 파라핀 종이가 딱 달라붙어 있으면 그것을 벗겨 내세요.

---

93 張(は)りつける : 붙이다, 붙어 있게 하다 [= 紙や布(ぬの)などを広げてのりなどでくっつける。paste]

▶ へいにビラを張り付ける。
담장에 전단을 붙이다.

▶ 壁の上に品書(しながき)が張り付けてある。
벽 위에 메뉴 품목이 붙여져 있다.

▶ 記者(きしゃ)を現場(げんば)に張り付けにする。
기자를 현장에 붙어 있게 하다.

94 半円形(はん-えんけい) : 반원형 [= semicircle]

▸ 家族は半円形の食卓に座って夕飯を食べた。

가족은 반원형의 식탁에 앉아 저녁을 먹었다.

▸ マリー奥さんは半円形のパイを作った。

메리부인은 반원형의 파이를 만들었다.

95 不揃(ふぞろ)い : (Av) 가지런하지 않다, 고르지 않다, 숫자가 부족하다 [=「ふぞろい」「ぶぞろい」라고 씀, そろっていない、一様(いちよう) でない、まちまちである、数が足りない、半端(はんぱ)だ。uneven, irregular, odd]

▸ 前後(ぜんご)ふぞろいの事を言う。

앞뒤가 맞지 않는 말을 하다.

▸ ミラーさんのお姉さんはふぞろいな歯を持っている。

밀러씨의 언니는 고르지 않은 치아를 갖고 있다.

▸ ふぞろいな全集(ぜんしゅう)。

숫자가 부족한 전집.

▸ 参考文献(ぶんけん)では行頭(ぎょう-とう)が不揃いになっている。

참고 문헌에는 행(行) 첫머리가 고르지 않다.

96 天地(てんち) : 천지, 하늘과 땅, 위아래, 상하 [= 天(てん)と地(ち)、宇宙(うちゅう)、上(うえ)と下(した)。heaven and earth, tthe top and bottom]

- 天地万物(ばんぶつ)。천지만물.
- 天地創造(そうぞう)の神。천지창조의 신.
- ゾンさんが田中さんにプレゼントした掛け物の天地がよく合う。
  존씨가 다나카씨에게 선물한 족자의 위아래가 잘 맞는다.
- 新しい社員が展示した履(は)き物の天地を逆(さか)にした。
  신입사원이 전시된 신발의 위아래를 거꾸로 했다.
- おじさんが注文したボックスの上端(じょうたん)には「天地無用(てんちむよう)」とかいてある。
  삼촌이 주문한 상자의 상단에는「상하를 뒤집지 말라」고 적혀있었다.

97 ひっくり返(かえ)す : 뒤집다, 뒤엎다, 넘어뜨리다, 쓰러뜨리다 [= 上下(じょうげ)·表裏(ひょうり)などを反対にする、さかさまにする、裏返(うらがえ)す]

- 餅(もち)をこしきのままそっくりひっくり返しておく。
  떡을 시루 째 모조리 엎어놓다.
- 子どもが灰皿(はいざら)をひっくり返した。
  아이가 재떨이를 뒤엎었다.

98 真円(しんえん) : 동그란 원 [= 完全な円形(えんけい)であること、ゆがみなくまるいこと]

▶ 彼は器具(きぐ)もなしに真円を描くことができます。
그는 기구도 없이 동그란 원을 그릴 수 있습니다.

▶ ママの作ったワップルは真円形態をたたえています。
엄마가 만든 와플은 동그란 원 형태를 띠고 있습니다.

▶ 500年前には地球が真円型だと信じなかったです。
500년 전에는 지구가 동그란 원형이라고 믿지 않았습니다.

99 見(み)た目(め) : 남의 눈에 비치는 모습, 겉보기, 외관 [= 外から見たようす]

▶ 新たに引っ越して来た隣りは、見た目ばかりよくて内容がない。
새로 이사 온 이웃은 겉보기만 좋고 실속이 없다.

▶ デパートに勤める社員たちには顧客に見た目が重要だ。
백화점에 근무하는 사원들에게는 고객에게 보이는 모습이 중요하다.

100 なんのことはない : 별 것 아니다, 대수롭지 않다, 아무것도 아니다 [= たいしたことではない、問題とするほどのことではない]

▶ お前がちゃんとしてさえいれば何のこともないだろう。
네가 제대로 하고 있으면 아무 일도 없을 것이다.

▸ ジェイムズさんが病院でもらった結果は、なんのことはないただの風邪(かぜ)だった。

제임스씨가 병원에서 받은 결과는 대수롭지 않은 그저 감기였다.

▸ 複雑(ふくざつ)な会計業務も慣れてしまえばなんのことはない。

복잡한 회계업무도 익숙해지면 별 것 아니다.

101 コロンブスのたまご(= Columbus's Egg) : 콜럼버스의 달걀

[= 大陸発見はだれにでもできると評(ひょう)されたコロンブスが、 卵(たまご)を立てることを試(こころ)みさせ、 一人もできなかった後に卵の尻(しり)をつぶして立てて見せたという逸話(いつわ)からだれでもできそうなことでも、 最初に行うことはむずかしいということ。아무리 쉬워 보이는 일도 처음으로 하기란 어렵다는 말]

▸ コロンブスのたまごのように簡単に解(と)ける。

콜럼버스의 달걀처럼 간단히 풀 수 있다.

▸ 7人の英米人(えいべいじん)に「Columbus's Egg」について尋ねたところ、1人の英国人が「聞いたことがあるような気がする」と答えたほかは、「表現もエピソードも耳にしたことがない」と回答した。

7명의 영미인에게 「콜럼버스의 달걀」에 대해 물었는데, 한명의 영국인이 「들은 적이 있는 것 같다」고 대답한 것 외, 「표현이나 에피소드도 들은 적이 없다」고 회답했다.

[그림-33]

102 気質(かたぎ) : (그 신분·직업·환경 등에 따른 특유의) 기질, 기풍 [= turn of mind, trait]

- 職人気質。장인(匠人) 기질.
- 学者気質(がくしゃ-かたぎ)。학자 기질.
- 昔気質の老人(ろうじん)。옛 기풍의 노인.

103 均一(きんいつ)に : 균일하게 [= 一様(いちよう)に。uniformly]

- 組長(くみちょう)は学生たちにパンを均一に配分(はいぶん)した。
  조장은 학생들에게 빵을 균일하게 배분했다.
- 放射性物質(ほうしゃせい-ぶっしつ)が周辺(しゅうへん)に均一にある。
  방사능 물질이 주변에 고르게 퍼져 있다.

104 U字型(じがた) : U자형 [= hairpin`s style]

- U字型のくぼみがある本物の氷河(ひょうが)の景観(けいかん)。
  U자형의 계곡을 한 전형적인 빙하 경관.
- 彼女の誕生日用に、U字型イヤリングを買いました。
  여자 친구 생일 선물로 유자형 귀걸이를 샀습니다.
- 政府を象徴(しょうちょう)するU字型の建物が襲撃(しゅうげき)され略奪(りゃくだつ)された。

정부를 상징하는 U자형의 건물이 습격되어 약탈되었다.

cf) ユーターン(U-turn) : (자동차 등이) U자형으로 선회함, 유턴
cf) ユーエスビー(USB) : (컴) 유 에스 비 [= universal serial bus]
▸ ユーエスビー端子(たんし) : 유 에스 비 단자 〔= USB connector〕
▸ ユーエスビーメモリー : 유 에스 비 메모리 〔= USB memory〕

105 器用(きよう)だ : 손재주가 있다, 솜씨가 좋다 [= 要領(ようりょう)よくいろいろな物事を処理(しょり)する、すぐれた才能がある。「Av의 어간+さ」→ Av의 명사형 : 器用さ]

▸ 店員は、器用な手づきで持ち運びやすいように梱包(こんぽう)してくれた。
점원은 능숙한 솜씨로 들고 가기 쉽도록 짐을 꾸려 주었다.
▸ 手先(てさき)の器用な人と不器用な人の違いは、何に起因するのでしょうか? [脳]
손재주가 있는 사람과 손재주가 없는 사람의 차이는 무엇에 기인할까요?
▸ 器用な筆(ふで)さばきで、かわいらしいパンダが板のキャンパスに。
능숙한 붓놀림으로 귀여운 판다가 나무판 캔버스에.

106 実(み)を結(むす)ぶ : 결실을 맺다, 실현되다 [= 結果が出る。bear fruit, come true]

▶ 不断(ふだん)の努力(どりょく)が実を結ぶ。

부단한 노력이 결실을 보다.

▶ 彼らの夢は実を結んだ。

그들의 꿈은 실현되었다.

▶ 100年後に実を結んだ大物理学者(だいぶつりがくしゃ)の夢。

100년 후에 실현된 대 물리학자의 꿈.

107 収(おさ)める : 모으다, 취합하다, 넣다, 담다, 간수하다

[= きちんと入れる、得(え)る。put in, obtain, gain]

▶ 目録(もくろく)に収める。

목록에 수록하다.

▶ 荷物(にもつ)を蔵(くら)に収める。

짐을 창고에 넣다.

▶ 夜でも撮影(さつえい)できるように特別な装置(そうち)を作って夜行性(やこうせい)の動物の生態(せいたい)をフィルムに収めた。

밤에도 촬영할 수 있도록 특별한 장치를 만들어 야행성 동물의 생태를 필름에 담았다.

▶ 感謝(かんしゃ)の志(こころざし)を収め下さい。

감사의 뜻을 받아 주십시오.

▶ 些少(さしょう)ですが、どうぞお収め下さい。

약소하오나 부디 받아 주십시오.

cf) 納(おさ)める : (금품을) 납부하다, 납품하다 [= 納入(のうにゅう)する。deliver, pay]

▶ 税(ぜい)を納める。

세금을 납부하다.

▶ 部品(ぶひん)は水曜日までおさめます。

부품은 수요일까지 납품하겠습니다.

---

108 感慨(かんがい) : 감개, 느낌 [= 心に深く感じてしみじみとした気持ちになること。deep emotion]

▶ 感慨に浸(ひた)る旅です。

감개에 잠기는 여행입니다.

▶ 8月15日は、戦争(せんそう)を経験(けいけん)した日本人には特別な感慨のわく日である。

8월 15일은 전쟁을 경험한 일본인에게 특별한 느낌이 드는 날이다.

cf) 感慨無量(かんがい-むりょう)だ : (Av) 감개무량하다 [= 感無量(かん-むりょう)だ]

▶ 感慨無量の面持(おももち)

감개무량해하는 표정.

▶ 旧師(きゅうし)に10年ぶりで会って感慨無量だった。

옛 스승을 10년 만에 만나 감개무량했다.

cf) 感慨深(かんがい-ぶか)い : (A) 감개가 깊다 [= しみじみと心に感じる度合(どあ)いが強い]

▶ 感慨深い思い出話(おもいでばなし)。

감개가 깊은 추억담.

▶ 感動する映画＆感慨深いドキュメント。

감동주는 영화 그리고 감개 깊은 다큐.

109 エス・ワイル(= S·Weil) : 양과자점 `에스 · 와일`

▶ フランス菓子店「エス・ワイル」は、春日通(かすがどお)りの富坂(とみさか)を上がった左側にあります。場所は文京区春日1-12-6です。 [광고]

프랑스 과자점「에스·와일」은, 카스가 거리의 도미사카를 오르면 왼쪽에 있습니다. 장소는 분쿄구 카스가 1-12-6입니다.

▶ 東京都文京区春日のフランス菓子専門店"エス・ワイル"(S・Weil)は、彼の弟子である大谷長吉が開いた店であり、この店名のエス·ワイルとは、恩師(おんし)であるサリー·ワイル(Saly·Weil, 1897年-1976年、横浜ホテルニューグランドの初代総料理長、スイス出身の料理人)のニューグランド時代でのあだ名である。[ウィキ]

도쿄도 분쿄구 카스가의 프랑스 과자 전문점 "에스 · 와일"은, 그의 제자인 오오타니 나가요시가 연 가게이며, 이 가게 이름은, 은사인 "사리 · 와일"의 뉴 그랜드 때의 별명이다.

110 大谷長吉(おおたに-ながよし) : 서양요리가 [= スイス出身の料理人、サリー·ワイル(Saly·Weil)의 弟子]

3-4

《洋菓子留学生》 立松さんは、菓子職人への道を選んだときからフランス留学を心に決めていた。菓子作りに用いられる単語はほとんどがフランス語である。仲間が遊んでいるときに、アテネ・フランセに通ってフランス語を勉強した。当時、食事つきの寮に住んで600円だった月給のうち、400円は貯金した。

こうして高須氏や大谷氏のつて[111]から、1963年に日本で初めての"洋菓子留学生"としてフランスの土を踏んだ[112]のである。身元引受人[113]はパリのレストラン、グローブ・ドールの主人であるアンドレ・クレマン氏であった。クレマン氏は1956年のメルボルン・オリンピックの際[114]、フランス代表選手団のコック長[115]を勤めた人である。

レストランのパリ・ロワイヤル[116]、パリでも菓子店の草分け[117]であるグルモー、さらにマキシマム[118]と立松さんは階段を着実に登りつめた[119]。どこでも日本人の器用さに驚かれる。ウェディング・ケーキにナイフを入れると同時にオルゴール[120]がウェディング・マーチをかなで[121]、ハトが飛び出す[122]という"革命的"なケーキを作ったのもこのころである。

「ユダヤ人[123]のお金持ちから『息子の結婚式にぜひみんなが驚くようなケーキを作ってほしい』と言われまして、いろいろ考えてみましたが、休みの日にナポレオンの眠るアンバリッド[124]でなにげなく[125]ハトを見ていてこのアイデアに思いついた[126]んです」

ケーキの基底部をまず木枠[127]で作った。ここへオルゴールと生きたハトをしのばせる[128]のである。そして新郎と新婦がケーキにナイフを入れると、中に張って[129]ある糸が切れて、基底部のふたがパタンと倒れ、オルゴールのスイッチがはいってハトが飛び出すというからくり[130]である。大成功だった。

いま立松さんはパリで「さくら」という日本料理店を二つ経営している。最初の店であるノートルダム[131]の「さくら」は1967年にオープンした。客席60。27歳であった。従業員も親戚の若者や友人の中から動員された。これにも行動派の立松さんらしい計算をはたらかせた。従業員の渡仏[132]には船を利用したのである。

当時は東京—パリ間の航空運賃は24万円で、手荷物は20キロまでに制限されている。これが横浜—マルセイユ[133]の船便[134]だと一人8万円。しかも一人について150キロの荷物が許されるのである。つまり運賃は安いうえに[135]、たくさんの荷物が無料で運べる寸法[136)]だ。食器類をはじめ、味噌、醤油、かつおぶし[137)]、豆腐を作るためのセイロ[138)]などがマルセイユに陸揚げ[139)]された。

「納豆と豆腐の作り方も習って行ったのですが、 納豆だけは菌の関係かどうか、 失敗しましたねえ」"立松ナポレオン"にもただ一つの「不可能」の文字があった、というところだろうか。そして六年後の1973年5月にオペラ座[140)]に姉妹店を開いている。

한자의 読み方

仲間(なかま) : 친구, 동료
月給(げっきゅう) : 월급
身元引受人(みもと–ひきうけにん) : 신원 보증인
～の際(さい) : ～할 때, 즈음
草分(くさわ)け : 개척자, 창시자
登(のぼ)りつめ : 꼭대기, 정점
飛(と)び出す : 뛰어나가다
息子(むすこ) : 아들
木枠(きわく) : 나무 테, 나무 틀
新婦(しんぷ) : 신부
倒(たお)れる : 넘어지다
料理店(りょうりてん) : 요리점
各席(きゃくせき) : 객석
親戚(しんせき) : 친척
友人(ゆうじん) : 친구, 벗
行動派(こうどうぱ) : 행동파
渡仏(とふつ) : 프랑스로 건너감 (도불)
当時(とうじ) : 당시
手荷物(てにもつ) : 수화물
船便(ふなびん) : 배편 운송
食器類(しょっきるい) : 식기류
醤油(しょうゆ) : 간장
陸揚(りくあ)げ : 뱃짐을 풂
菌(きん) : 균
不可能(ふかのう) : 불가능
姉妹店(しまいてん) : 자매점

寮(りょう) : 기숙사
貯金(ちょきん) : 저금
コック長(ちょう) : 주방장, 요리장
着実(ちゃくじつ)に : 착실히
驚(おどろ)く : 놀라다
革命的(かくめいてき)だ : 혁명적이다
基底部(きていぶ) : 기저부, 밑 부분
新郎(しんろう) : 신랑
張(は)る : 배치하다, 깔리다
大成功(だいせいこう) : 대성공
経営(けいえい) : 경영
従業員(じゅうぎょういん) : 종업원
若者(わかもの) : 젊은이
動員(どういん)する : 동원하다
計算(けいさん) : 계산
航空運賃(こうくううんちん) : 항공료
制限(せいげん) : 제한
寸法(すんぽう) : 길이, 치수, 작정, 속셈
味噌(みそ) : 된장
豆腐(とうふ) : 두부
納豆(なっとう) : 낫또(메주 콩 같은 것)
失敗(しっぱい) : 실패
オペラ座(ざ) : 오페라 극장
開(ひら)く : 열다

중요어구

111 伝(つて) : 연줄, 연고, 인편 [= 離れている人に音信(おんしん)などを伝える方法、 手段、 仲立(なかだ)ち、 自分の希望を達するための手がかり、 縁故(えんこ)、 てづる(연줄, 연고)]

▶ 連絡する伝がない。

연락할 연고가 없다.

▶ 有力なつてがあってその会社に就職した。

영향력 있는 연줄이 있어 그 회사에 취직했다.

▶ 伝があるので届(とど)けます。

인편이 있으므로 보냅니다.

▶ その知らせは人つてに聞いたよ。

그 소식은 인편으로 들었어요.

112 土(つち)を踏(ふ)む : 흙을 밟다, 땅을 밟다 [= その場所にたどり着く。to tread on the soil]

▶ オレたち野球部が甲子園(こうしえん)の土を踏むために。

우리들 야구부가 코시엔의 입성을 위해서.

▶ 聞くところによると、おじが故郷の土を踏むのは、二十年ぶりだそうです。

들은 바에 의하면, 숙부가 고향땅을 밟은 것은, 20년만이라 한다.

▶ 終(つい)に祖国(そこく)の土を踏む事(こと)はなかった。

끝내 조국의 땅을 밟는 일은 없었다(조국에 돌아오지 않았다).

113 身元引受人(みもと-ひきうけにん) : 신원 보증인 [= 身元保証人(みもと-ほしょうにん)、guarantor]

cf) 身元(みもと) : 신원 [= 生(う)まれ、正体(しょうたい)]

▶ 身元不明(みもとふめい)の死体(したい)
신원 불명의 사체.

▶ 身元調査(みもと-ちょうさ)
신원 조사.

114 ~の際(さい) : ~할 때, 즈음, 기회 [= とき、場合、機会、おり]

▶ 出発(しゅっぱつ)の際。출발할 즈음

▶ 有事(ゆうじ)の際。유사시.

▶ この際はっきり黒白(こくびゃく)を弁(べん)じて、意見の正当性(せいとうせい)を明確(めいかく)にするべきだ。
이럴 때, 분명히 잘잘못을 가려서 의견의 정당성을 명확히 해야 한다.

115 コック長(ちょう) : 주방장, 요리장 [= シェフ、チーフ・コック。chef, head cook, chief cook]

▶ コック長カルドラが作る料理は、地中海人(ちちゅうかいじん)の気質を見事(みごと)に表現している。

칼도라 주방장은 지중해 바다 사람의 기질을 멋지게 표현하고 있다.

▶ シェフ、従業員(じゅうぎょう)および経営者(けいえいしゃ)すべてが中国人です。

주방장과 종업원 및 경영자 모두가 중국인입니다.

▶ そのレストランでは、毎日違うコックが美味(おい)しい料理を魔法(まほう)のように作り出す予定だ。

그 레스토랑에는 매일 다른 주방장이 맛있는 요리를 마법처럼 만들어 낼 예정이다.

---

116 レストラン・パリ・ロイヤル(= restaurant Paris Royal) : 파리 로얄 호텔의 레스토랑 [= シャンゼリゼ通りの1本裏(いっぽんうら)になるだけで、とても静かなホテル。凱旋門(がいせんもん)近く観光地どこへ行くにも便利]

---

117 草分(くさわ)け : 개척자, 창시자 [= あることを初めてする人、初期の開拓者(かいたくしゃ)、先駆者(せんくしゃ)、柴切(しばき)り、草切(くさき)り。trailblazer, early settler, pioneer]

▶ アンドレ・キムは、韓国を代表するファッション界(かい)の草分けでもある。

앙드레 김은 한국을 대표하는 패션계의 창시자이기도 하다

▶ 日本のコピーライターの草分けである脇田さんのアイデア。

일본 광고문안 작성의 개척자인 와키다씨의 아이디어.

118 マキシマム(= Maximum) : 파리의 레스토랑 '맥심' [=「マキシム・ド・パリー」를 말함. 일본에는 東京都中央区(銀座ソニービル地下3階、1966年開店、フランス料理店および洋菓子類の製造(せいぞう)、小売(こうり))에도 있음]

cf) マキシマム(= maximum) : 최대한 [= 最大(さいだい)、最大限(さいだいげん)、極限(きょくげん)、 부사로 사용되는 경우 'と'를 접속함]

▶ 階段(かいだん)をマキシマムと登りつめる。
계단을 최대한 끝까지 오르다.

119 登(のぼ)りつめる : 꼭대기까지 오르다 [= のぼれるだけのぼる]

▶ 坂(さか)を登りつめる。
언덕 꼭대기까지 오르다.

▶ 能力(のうりょく)の限界(げんかい)まで登りつめる。
능력의 한계치에 치닫다.

cf) ～つめる : (후항v) 꾸준히 ～하다, 철저히 ～하다 [= 最後·限度まで～する、休みなく続けて～する)]

▶ 驚(おどろ)きの目(め)で彼女(かのじょ)を見つめた。
깜짝 놀라서 그녀를 쳐다보았다.

▶ 母親(ははおや)は、ほかの子には一瞥(いちべつ)もくれずに、わが子ばかりを見つめている。
엄마는 다른 아이들에게는 눈길도 주지 않고 자기 아이만을 응시하고 있다.

120 オルゴール(= orgel) : 오르골 [= 機械仕掛(しか)けにより自動的に楽曲(がっきょく)を演奏する楽器の一つ。日本語の「オルゴール」は、オランダ語やドイツ語のオルガンを意味する`orgel`(オランダ語でオルヘル、ドイツ語ではオルゲル)に由来(ゆらい)する]

[그림-34] 30本の櫛歯(くしば)を持つ
シリンダー・ムーブメント

121 奏(かな)でる : 악기를 타다(켜다, 뜯다), 연주하다
[= 演奏(えんそう)する。play]

▸ 森と<u>奏でる</u>ギター。[書名]

숲과 연주하는 기타.

▸ 夏に<u>奏でる</u>僕らの詩。[映画]

여름에 연주하는 우리들의 시.

▸ 頭で浮かべた和音をギターで<u>奏でる</u>には？

머리에 떠올랐던 화음을 기타로 연주하려면?

122 飛(と)び出(だ)す : 뛰어나가다 [= 急に勢(いきよ)いよく飛んで出る。spring out]

▸ うさぎが穴(あな)から飛び出す。

토끼가 굴에서 뛰쳐나오다.

▸ 子供が路地(ろじ)からにわかに飛び出す。

아이가 골목에서 갑자기 뛰쳐나오다.

▸ 行く先も言わずに飛び出していったが、さてどこへ行ったのだろう。

행선지도 말하지 않은 채 뛰쳐나갔으나 그런데 어디로 갔을까?

123 ユダヤ人(= Judaea じん) : 유태인 [= 한자로는 猶太人(ユダヤじん)、パレスチナを原住地(げんじゅうみん)としてユダヤ教を信仰(しんこう)する民族]

▸ 古来(こらい)から続(つづ)くユダヤ人の伝統(でんとう)。

아주 오래부터 계속되는 유대인의 전통.

124 アンバリッド(= Invalides) : 앵발리드 [= `アンヴァリッド`라고도 씀, 建築史上有名なのは附属する礼拝堂の建築。教会の建設は1677年に始まり、後に兵士の教会とドーム教会に分かれ、1706年に完成した。ドーム教会の地下墓所(はかしょ)にはナポレオン・ボナパルト(フランス皇帝ナポレオン1世)の柩(きゅう)が中央に置かれている。また、それを囲むようにして、ナポレオンの親族やフランスの著名な将軍の廟(びょう)が置かれている。21世紀当初において、100人ほどの戦傷病兵(せんしょうびょうへい)や傷痍(しょうい)軍人が暮らしている。一部は軍事博物館として公開されている。파리 Seine 강 왼쪽 기슭에 있고 현재는 주로 군사박물관, Napoleon1세를 비롯하여 많은 군인들의 묘가 있음. 루이 14세가 '몸이 불편한'이란 뜻으로 노인과 부상병을 위하여 지음. 17세기말에는 4,000명이 머뭄. 현재도 병원으로 사용하며 안에는 박물관이 있고, 건물 남쪽에 나폴레옹과 부인 조세핀 등 그 가족과 전쟁영웅들의 묘가 있음]

[그림-35] ナポレオンの棺

[그림-36] アンヴァリッドの外観

125 何気(なにげ)ない : 생각도 없다, 무심하다, 아무렇지도 않다, 태연하다 [= これといった特別の意図(いと)もない、さりげない]

▸ なにげなく言った言葉(ことば)が災(わざわ)いのもとになってしまった。

무심코 한 말이 화근이 되고 말았다.

▸ なにげなく言ったことが彼を傷(きず)つけた。

생각도 않고 말한 것이 그를 마음 상하게 했다.

▸ 何気なく襟足(えりあし)に手を添(そ)える彼女のしぐさがとても女らしかった。

아무렇지 않게 목덜미에 손을 가져가는 그녀의 동작이 퍽 여성스러웠다.

126 思(おも)いつく : 생각이 떠오르다 [= ある考えがふと心に浮(う)かぶ、考えつく、思い出す。think of]

▸ 出(で)しなに[10)]用事(ようじ)を思いついた。

나가려던 참에 볼일이 생각났다.

▸ 彼らは思いつく限(かぎ)りのことを全(すべ)てした。

그들은 생각해 낼 수 있는 모든 것을 다 해 보았다.

---

10) 出(で)しな : 나가려고 할 때, 막 나가려는 참. 「しな」(접미) 《V의 ます형에 붙어》 ~할 때. ~하는 길에. ~함과 동시에.

▸ 寝しなに食べるな。잠잘 때 먹지 마라.

▸ 帰りしなに寄(よ)る。돌아오는 길에 들르다.

▸ 行きしなに土産(みやげ)を買う。가는 길에 선물을 사다.

127 木枠(きわく) : 나무 테, 나무 틀 [= 木で作ってある枠(わく)、木製(もくせい)の枠]

▸ お買(か)い得(とく)価格の、キャンバス用木枠です。桐材(きりざい)は軽くて丈夫なので、持ち運ぶのに楽です。 [광고, 特別セール品]

싼 가격의 캔버스용 나무틀입니다. 오동나무 재질은 가볍고 튼튼해서 운반하는데 편합니다.

128 忍(しの)ぶ : 몰래 숨겨두다, 은밀히 하다, 숨다 [= 外から見えないようにして身を置く、隠(かく)れる。conceal oneself, hide]

▸ 暮夜(ぼや)ひそかに忍び出(で)る。

밤중에 몰래 빠져나오다.

▸ 夜(よ)ごとにしのんで来る。

밤마다 몰래 찾아오다.

▸ 八月も半(なか)ばを過ぎると、朝夕(あさゆう)の涼(すず)しい風に、忍び寄(よ)る秋の心配(しんぱい)が感(かん)じられます。

8월도 중순이 지나자, 아침저녁 서늘한 바람에 살며시 다가오는 가을걱정이 느껴진다.

129 張(は)る : (他) 뻗다, 펴다, 치다, 배치하다, 깔다

▸ 木が根(ね)を<u>張る</u>。

나무가 뿌리를 뻗다.

▸ 勢力(せいりょく)を<u>張る</u>。

세력을 뻗치다.

▸ テニスのネットを<u>張る</u>。

테니스 네트를 치다.

▸ 床(ゆか)にタイルを<u>張る</u>。

바닥에 타일을 깔다.

---

130 からくり(絡繰り) : 장치, 구조 [= V「からくる」의 명사형, 機械などが動く原理(げんり)、構造(こうぞう)、仕組(しく)み、仕掛(しか)け。mechanism]

▸ 時計(とけい)の内部(ないぶ)の<u>からくり</u>。

시계 내부의 장치.

▸ <u>からくり</u>人形(にんぎょう)。

꼭두각시 인형.

▸ この装置(そうち)は巧妙(こうみょう)な<u>からくり</u>で動(うご)いている。

이 장치는 교묘한 장치로 움직이고 있다.

---

131 ノートルダム(= Notre-Dame) : 노트르담 [= フランス語で「我(われ)らの貴婦人(きふじん)」という意味で、イエス·キリストの母である聖母(せいぼ)マリアを指す。それゆえ、マリアやキリスト教に関連したものの名前に使われることがある]

▶ 「ノートルダム・ド・パリ」は、パリのノートルダム大聖堂(だいせいどう)を舞台にしたヴィクトル・ユーゴーの小説である。

「노트르담·드·파리」는, 파리의 노트르담 대성당을 무대로 한 빅토르·위고의 소설이다.

▶ ブッシュ大統領はノートルダム大学の卒業式で演説(えんぜつ)を行(おこな)った。

부시 대통령은 노트르담대학 학위 수여식에서 연설을 했다.

132 渡仏(とふつ) : 프랑스로 건너감, 도불 [= フランスへ渡たること]

▶ 渡仏準備をしながら、出発が近づいてくるにつれて。

도불 준비를 하면서 출발이 가까워짐에 따라.

cf) 渡(と)～ : (접두) ～로 건너감

▶ 渡米(とべい) 도미(미국으로 건너감), 渡日(とにち) 도일.

133 マルセイユ(= Marseille) : 마르세이유 [= 프랑스의 제2 도시. フランス南部、地中海に面する港湾(こうわん)都市。前6世紀にギリシャの植民地(しょくみんち)マッサリアとして建設され、17世紀に自由港となって発展。フランス第一の貿易港で、造船(ぞうせん)·化学工業なども盛んだ。人口82万(2005년)]

134 船便(ふなびん)： 선편, 배편, 선박 교통, 선박 운송 [= 船舶(せんぱく)の便、便船(びんせん)、せんびん、船によって郵便物や荷物を送ること]

▶ 航空便でなくても<u>船便</u>でもかまいません。安くて安全なところを希望します。

항공편이 아니라 배편도 괜찮습니다. 싸고 안전한 것을 희망합니다.

▶ <u>船便</u>のあり次第(しだい)送ります。

배편이 있는 대로 보내겠습니다.

135 ～うえに： ～에 더하여, 게다가 [= ～に加(くわ)えて、ある事柄(ことがら)と他の事柄とを関係させていう時に用いる]

▶ ねだんが安い<u>うえに</u>、品質が優(すぐ)れている。

가격이 싼 데다가, 품질이 우수하다.

▶ 成績が悪い。その<u>うえに</u>行儀(ぎょうぎ)も悪い。

성적이 나쁘다. 게다가 예의도 없다

▶ 叱(しか)られた<u>うえに</u>罰金(ばっきん)までとられる。

야단을 맞은 데다가 벌금까지 물다.

▶ 彼女はたいそう美しい<u>うえに</u>、優れた点もたくさんあるとわたしは思う。

그녀는 매우 아름다운 데다가 많은 장점을 지닌 것 같다고 본다.

136 寸法(すんぽう) : 길이, 치수, 척도, 작정, 계획, 속셈, 의도 [= 基準となる長さ、尺度(しゃくど)、段取(だんど)り、もくろみ、計画(けいかく)]

- 寸法を計(はか)る。

  치수를 재다.

- ひともうけしようという寸法だ。

  한탕 벌어 보자는 의도이다.

- 後でゆっくり飲もうという寸法さ。

  나중에 느긋이 한잔하겠다는 속셈이지.

137 かつおぶし(鰹節) : 가다랑어포 [= `かつぶし`とも。カツオの肉を蒸(む)して干(ほ)し固め、黴付(かびつ)けと日干(ひぼ)しを繰(く)り返(かえ)したもの。削(けず)って料理にかけたり、だしを取ったりして用いる。가다랑어를 쪄서 여러 날에 걸쳐 말린 것. 대패 같은 도구로 얇게 깎아 요리에 씀]

138 セイロ(蒸籠) : 찜통 [= `せいろう`とも。方形(ほうけい)または丸形(まるがた)の木の枠(わく)の底に簀(す)を敷(し)き、糯米(もちごめ)・団子(だんご)などを入れ、釜(かま)にのせてその湯気(ゆげ)で蒸(む)す器(うつわ)。떡쌀이나 만두 등을 찌는 데 쓰는 나무로 된 찜통, 밑이 대발로 되어 있으며 냄비나 솥 위에 얹어서 씀]

▶ 蒸籠で餅米(もちごめ)を蒸(む)す。
찜통에 찹쌀을 찌다.

▶ 蒸籠で強火で15～20分蒸すと出来上がりです。
찜통으로 강불로 15～20분 찌면 완성됩니다.

139 陸揚(りくあ)げ : 뱃짐을 풂 [= 船の積(つ)み荷(に)を陸に揚げること、荷揚(にあ)げ、揚陸(ようりく)。unloading]

▶ 陸揚げ場(ば) 양륙장, 陸揚げ港(こう) 양륙항.

▶ 船荷(ふなに)の陸揚げが済(す)んだ。
뱃짐의 양륙이 끝났다.

140 オペラ座(ざ) : 오페라 [= パリにある歌劇場(かげきじょう)。パリ・オペラ座とも呼ばれる。1875年に完成したガルニエ宮の呼び名として主に用いられるが、それ以前の劇場にも、またそれらで公演を行うオペラ・バレエ団体にも用いられる場合がある]

▶ ウィーンのオペラ座は世界屈指の歌劇場であり、国際的な舞台で活躍するトップアーチストたちが出演しています。[「ウィーン」観光]
빈의 오페라 극단은 세계 굴지의 가극장이며, 국제적인 무대에서 활약하는 톱 아티스트들이 출연하고 있습니다.

cf) ～座(ざ) : (접미) ～단, ～좌, ～자리 [= 극단·극장·별자리 등의 이름에 붙이는 말]

▶ スカラ座。스카라극장.

▶ 歌舞伎(かぶき)座。가부키 극단 또는 극장.

▶ 大熊(おおぐま)座。큰곰자리.

3-5

《夢は、料理博物館》 立松さんはいま、第三の目標をにらんで[141]いる。日本に「料理博物館」を造るという壮大な[142]夢である。

「日本の職人は、どうしても自分のからの中に閉じこもって[143]しまう。そこから一歩も出ようとしないんです。そのために 社会的意識もステータス[144]もない。私にはそのことが悲しいんです」と立松さんは言った。その胸にフランス料理アカデミー会員のバッジ[145]が誇らしげだった[146]。

その第三の夢を実現するために、立松さんはすでに15世紀から現代までのメニュー5,000枚を集めている。その中にはナポレオン一世のメニューもある。ナポレオン一世の主厨長で菓子と料理の神様といわれるアントン・カレーム[147]のサイン入り料理辞典(全10巻)も手に入れた。このほか1780年もののシャンパン[148]などワインのコレクション[149]はもう5000本にものぼっている。

「しかし私はやはり菓子の職人です。女房もよく言うんですが、初心は忘れていませんよ。何千本というトリアノンの噴水を必ず実現してみせますよ」

パリで生け花を教えている智子夫人(34歳)と一人息子

の健ちゃん(4歳)の三人暮らし。毎年一度は必ず日本に帰って本場フランスの技術を若者たちに伝え、 日本の味をフランスに持ち帰っていく。世界一の腕を持つ[150]この若い飾り職人は日本とフランスを結ぶ"デコレーション親善大使"といえるかもしれない。

한자의 読み方

博物館(はくぶつかん) : 박물관
目標(もくひょう) : 목표
造(つく)る : 만들다
壮大(そうだい)だ : 장대하다, 웅장하다
閉(と)じこもる : 틀어박히다
一歩(いっぽ) : 한 발자국
社会的意識(しゃかいてき–いしき) : 사회적 의식
誇(ほこ)らしげだ : 자랑스럽다
実現(じつげん)する : 실현하다
一世(いっせ) : 1세
本場(ほんば) : 본고장
主厨長(しゅちゅうちょう) : 주방장
神様(かみさま) : (어떤 분야에서 신처럼) 뛰어난 사람
辞典(じてん) : 사전
女房(にょうぼう) : 아내, 처
五千本(ごせんぼん) : 5천개
生(い)け花(ばな) : 꽃꽂이
初心(しょしん) : 초심
若者(わかもの) : 젊은이
智子夫人(ともこ–ふじん) : 도모코 부인
健(けん)ちゃん : 켄창(아이 이름)
腕(うで) : 솜씨, 기량, 실력
三人暮(さんにんぐ)らし : 세 사람의 삶
飾(かざ)り職人(しょくにん) : 과자 장인
親善大使(しんぜん–たいし) : 친선대사

중요어구

141 にらむ(睨む) : 노려보다, 주시하다 [= 見詰(みつ)める。stare at]

▶ 選手は前方(ぜんぽう)の目標をぐっとにらんだ。

선수는 전방의 목표를 뚫어지게 노려보았다.

▶ 警察ににらまれている。

경찰이 주시하고 있다.

142 壮大(そうだい)だ : 장대하다, 웅대하다 [= 規模が大きくてりっぱだ。magnificent, grand]

▶ 島々(しまじま)が海に広がる壮大な景観です。遊覧船(ゆうらんせん)に乗って湾内(わんない)をめぐることが可能です。

섬들이 바다에 펼쳐진 장대한 경관입니다. 유람선을 타고 만내를 돌아보는 것이 가능합니다.

▶ ナイアガラ瀑布(ばくふ)の壮大さに打たれた。

나이아가라 폭포의 장대함에 놀랐다.

143 殻(から)に閉(と)じ籠(こも)る : 자기만의 세계에 틀어박히다 [= 家や部屋などに入ったまま外へ出ないでいる、心を閉(と)ざす、気持ちを開かない、他人との間に隔(へだ)てを置く、かき根を設(もう)ける]

▸ この子は、自分の殻の中に閉じこもって心を開こうとしない。

이 아이는, 자기만의 세계에 틀어박혀 마음을 열려고 하지 않는다.

cf) 閉(と)じ籠(こも)る : 틀어박히다 [= ぎっしり詰(つ)まる、立て込む、shut oneself in]

▸ 一日(いちにち)じゅう家に閉じ籠って勉強した。

하루 종일 방안에 틀어박혀 공부했다.

▸ 今日からは、屋根(やね)つきのハウスに閉じこもり、自分のにおいのついたものすべて(毛布やぬいぐるみ全部)をハウスの中に持って入って、自分の城をつくって閉じこもる。〔飼い犬, チワワ, ♀, 2才〕

오늘부터는, 지붕이 있는 하우스에 틀여박혀, 자신의 냄새가 묻은 모든 것(모포나 봉제 인형 전부)을 하우스 안으로 가지고 들어가, 자신의 성을 만들어 틀어박히다.

144 ステータス(= status) : 사회적 지위, 신분 [= 身分(みぶん)、地位(ちい)]

cf) ステータス・シンボル(= status symbol) : 社会的地位や身分を象徴(しょうちょう)するもの。高級乗用車(じょうようしゃ)・別荘(べっそう)など。

145 バッジ(= badge) : 배지 [= 所属(しょぞく)・資格(しかく)・職位(しょくい)・階級(かいきゅう)・経歴(けいれき)・功績(こうせき)などを表す、徽章(きしょう)、記章(きしょう)]

▸ 議員(ぎいん)バッジを服(ふく)に付けていた。

의원배지를 옷에 달고 있었다.

146 誇(ほこ)らしげだ : (Av) 자랑스럽다 [= 得意(とくい)で自慢したい気持ちである。proud]

▶ 彼はトロフィーを誇らしげに持ち上げた。
그는 트로피를 자랑스럽게 높이 쳐들었다.

▶ 誇らしげに観衆(かんしゅう)の拍手(はくしゅ)にこたえた。
자랑스럽게 관중의 박수에 화답했다.

cf) 誇(ほこ)らしい : 자랑스럽다

▸ 息子の成功を知って彼は誇らしい気持ちでいっぱいだった。
자식의 성공을 알고 그는 매우 자랑스러웠다.

147 アントン・カレーム(= Antoine Carême) : (과자 요리의 신) 안톤·카렘 [= 1784-1833年、フランスのシェフ·パティシエ。フランス料理の発展に大きく貢献(こうけん)し、 当時は「国王のシェフかつシェフの帝王(ていおう)」と呼ばれていた。今日、 カレームはいわゆる「有名シェフ」のさきがけ的人物として知られている]

[그림-37]

148 シャンパン(= champagne) : 샴페인 [= シャンペン·三鞭酒로도 씀, フランスのシャンパーニュ地方原産の発泡性(はっぽうせい)ぶどう酒。白ぶどう酒に古酒(こしゅ)·シロップを加えて二度目の発酵(はっこう)をさせ、3年後におりを除(のぞ)いて同質のぶどう酒や糖液(とうえき)を補充(ほじゅう)し、5年以上熟成(じゅくせい)させたもの。栓(せん)を抜くときポンと音がし、祝宴(しゅくえん)などに用いられる]

▸ ソムリエ厳選(げんせん)シャンパン&スパークリングワイン大特価! [広告]
소믈리에 엄선 샴페인 그리고 스파클링 포도주 대특가!

149 コレクション(= collection) : 컬렉션, 수집, 수집품, 모으기 [= 骨董品(こっとうひん)・美術品・切手・書籍などを趣味として集めること、またその集めた物、収集品(しゅうしゅうひん)、所蔵品(しょぞうひん)]

▸ 蝶(ちょう)のコレクション。나비 수집.
▸ 切手(きって)のコレクション。우표 수집.

150 腕(うで)を持(も)つ : (역량, 솜씨, 기량, 실력을) 소지하다, 갖다 [= 腕前(うでまえ)を持つ]

▸ 名人の名にそむかぬ腕の持ち主(もちぬし)だった。
명인의 이름에 걸맞은 실력의 소유자였다.
▸ 天才的(てんさいてき)な外科(げか)手術の腕を持つ無免許医(むめんきょい)となるブラック·ジャック。 [アニメ]
천재적인 외과수술 실력을 가진 무면허의사인 블랙·잭.

부록 한국어 번역

1장 향기롭고 신기한 효험의 약 커피

나는 짙은 갈색의 사랑스러운 커피요
나의 생명은 컵 속에 늘 있어요.

- 마마이 (Mamai 시인, 다마스카스, 1535년경) -

1-1

갓 볶은 커피 향기를 빼놓고는 이슬람 세계를 상상할 수 없다. 한 잔의 커피를 빼놓고서는 상거래도 성립되지 않을 것이다. 커피를 볶을 때 나는 향기와 볶은 콩을 갈아서 으깨는 막자의 소리는 사막에서 들려오는 밤의 속삭임이자 향기로움이다. 하지만 커피가 중동 사람들에 의해 마시게 된 것은 비교적 최근의 일이다.

여기저기를 뛰어 돌아다니는 산양 커피에 관한 기록은 10세기쯤의 문헌에서 보인다. 하지만 애초 커피라는 말의 기원을 둘러싼 것에서 조차 여러가지 설이 분분하다. 고대 아라비아어로 검붉은 색을 띤 어떤 종류의 와인을 의미했다고 일컬어지는 「카흐와」라는 말, 그 「카흐와」가 터키에 들어와 「카흐베」로 사투리화 되어, 그것이 오늘날의 「커피」가 되었다는 설도 있다. 하지만, 또 커피가 에티오피아의 고지대, 특히 「카화」라는 마을 근처에 자생했었다는 이야기도 사실이다.

하지만 말의 기원이야 어떻든 간에 커피가 에티오피아로 부터 예멘에 들어왔다는 것은 거의 사실인 것 같다. 전설에 의하면, 예멘의 「세이프·앗·샤디리」가 어느 날 에티오피아를 여행하고 있는데, 어느 산 경사진 곳에서 한 무리의 산양이 아주 힘차게 여기저기 뛰어 돌아다니는 것을 알았다. 이상한 생각이 들어 보고 있으니, 산양들은 본 적도 없는 풀 열매를 먹고 있는 것이었다. 「세이프」도 시험 삼아 먹어봤는데 굉장히 쓴 맛이었다. 그래서 열매를 푹 끓여서 그 즙을 마셔봤다. — 인류 최초의 커피인 것이다.

아마 그것은 대단한 맛을 가진 열매였음에 틀림없었고, 우리의 「세이프」는 이상하게도 머리가 맑아졌던 것이다. 그래서 그는 어린 나무 몇 그루를 예멘으로 갖고 돌아간 것이다. 이상한 특성을 가진 이 새로운 음료는 굉장히 많이 팔렸다. 특히 이러한 것을 눈치 챈 사람들이 생겨, 원두를 볶은 후 마시면 훨씬 더 맛이 좋아진다는 것을 알게 된 후 부터는 더욱 더 잘 팔렸다.

하지만 커피를 마시는 이러한 새로운 풍습에 대해, 곧 보수적인 이슬람 신학자들로부터 반대하는 목소리가 일기 시작했다. 이 새로운 음료를 무엇으로 분류하면 좋을까? 흥분성 음료라는 것은 확실했다. 만약 그것이 와인과 같은 알코올음료라면, 그리고 또 마신 사람이 자신의 몸을 망칠 수 있는 그러한 음료라면, 이슬람교의 계율에 따라 금지해야 했다. 이 문제는 이슬람교의 성지, 「메카」와 「메디나」에 커피가 들어옴에 따라 표면화되었다. 이 두 군데의 성스러운 도시에는 서기 1500년을 맞이할 쯤에는, 음악과 서양 주사위가 갖추어진 커피하우스가 즐비하게 들어서게 되었으며, 밤늦게까지 귀에 거슬리는 웃음소리와 탬버린 치는 소리가 울려 퍼지자, 마을 사람들로부터 불평이 나오게 되었기 때문이다.

1-2

커피 재판 1511년 5월 28일 금요일, 「메카」의 군인 「하일·베이」 총독은 저녁 예배를 마치고 집으로 막 돌아가는 중이었다. 이슬람교에서 성스럽게 여기는 검은 돌을 모셔놓은 「카바 신전」근처의 광장을 지나가고 있는데 갑자기 큰 웃음소리가 들려왔다. 둘러보니 15명 정도의 한 무리가 빨갛게 타오르는 화로를 둘러싸고 웅크리고 앉아 있는 것이었다. 「하일」은 경비대장을 이끌고 성큼성큼 남자들이 있는 곳으로 다가 갔다. 거기에는 마을의 주둔병 한 무리가 빙 둘러 앉아 화로에 내걸어 둔 용기 안의 한 그릇의 음료를 돌아가며 마시고 있었다.

「너희들은 도대체 무엇을 마시고 있는가?」라고 그는 물었다.

「예 각하! 이것은 커피라고 하는 것입니다요. … 전혀 해가 없는 것입니다」라고 하사관이 차렷 자세로 대답했다.

「해가 없다고?」라고 총독은 고함쳤다. 「너희들은 '카바신전' 바로 앞에서 복무규정을 잊어버리고 마음이 들떠 있는 것이 아닌가? 그런 음료가 해가 없다는 것이 무슨 말이야? 경비대장! 이놈들을 50대씩 채찍으로 쳐라!」

다음 날 아침 일찍, 총독은 이슬람 4대 법학파를 대표하는 「메카」의 4명 대법관을 자기가 있는 궁전으로 불러 모았다. 바로 그때 「메카」를 방문하고 있던 시리아와 이집트의 11명의 법관과 법학자들도 모이도록 명령받았다. 이렇게 모인 전문가들에게 「하일·베이」는 문제를 제기한 것이었다. 「커피를 적법하다고 간주해야 하는 것인지요? 그렇지 않으면 위법으로 간주해야 하는 것인지?」

이 추궁에 대해 권위자들은 7일 동안 열렬히 토의를 거듭하고 「메카」의 일류 의사들로부터도 증언을 모아 커피를 공공의 장소 또는 동료와 함께 마시는 것을 금지해야만 한다는 권고를 총독에게 제출했다. 이렇게 해서 그 날 커피 금지령이 발령되고 시내의 커피하우스는 모두 폐쇄되었으며 점주들은 구속되어 버렸다. 또 커피를 팔고 있던 가게도 재고를 모두 몰수 당해버렸다.

그러나 이 조치는 오래가지 않았다. 「카이로」에 있던 「술탄」(국왕)이 총독의 이러한 결정에 불만을 품고 총독에게 포고령을 취소하도록 명령했기 때문이다. 이렇게 해서 커피는 점점 더 인기 있는 음료가 되었으며, 이집트와 아라비아가 터키제국에 병합된 1517년, 마침내 터키인들이 커피의 맛을 보게 되었던 것이다. 그리고 1554년, 「슬레이만」1세 때(터키 제국 제10대 「술탄」), 「아렙포」와 「다마스카스」에서 온 상인 두 명의 손에 의해, 「콘스탄티노플」에 터키 최초의 커피하우스가 생겼다. 커피하우스는 그 후 잇달아 생겨나게 되었다. 커피는 대단한 인기를 불러 일으켰고, 시인, 작가, 대학교수, 학자, 관리 등의 인텔리를 끌어 모으는 곳이 되었으며, 커피하우스는 일종의 아카데미 같은 양상을 띠게 되었다.

1-3

그리고 유럽으로 1582년 독일, 「아우구스부르크」의 의사「레온할트·라우볼프」는 중동을 여행하고 여행기를 공개했는데, 거기에 그는 다음과 같이 적고 있다. 「여러 가지 진기한 것이 있는데 그 중에서도 이슬람교도는 '하우베' 라고 하는 음료를 즐겨 마시고 있다. 이것은 잉크처럼 검은색을 띤 음료로, 온갖 질병 특히 위장병에 아주 효과가 있다. 그들은 이것을 작고 깊은 도기 혹은 자기로 만들어진 찻잔에 부어 입이 댈 정도로 뜨거울 때 마시는 것이다. 이것을 마실 때에는 빙 둘러앉아 겨우 한 모금씩 홀짝홀짝 마시면서 옆 사람에게 돌려가면서 마신다.」

그러나 커피하우스가 유럽에 나타난 것은 더욱이 그 후 100년이 흐르고 나서의 일이다. 커피를 유럽에 들여온 사람은 여럿사람을 들 수 있지만, 그 중의 한 사람은 「후랑츠 · 게오르그 · 콜시츠키」라고 하는 남자이다.

1683년「빈」(비엔나)은 성벽 둘레를 터키 군에 의해 포위되어 있었다. 성 외곽에 진을 친 터키군에 의해, 마을은 식량과 지원군의 진로가 차단되어 고립되어 있었다. 성안은 굶주려 있었고 항복해야 한다는 말조차 나오고 있었다. 그러자 그 때 「콜시츠키」가 나서서 터키의 포위진을 돌파하여, 지원군 사령관에게 구조를 요청하러 갈 것을 자청한 것이다. 그는 오랫동안 터키인과 함께 생활한 적이 있는 폴란드인이었다.

8월 13일, 터키인으로 변장한 「콜시츠키」와 그의 부하는, 폭우 속에 포위 진지를 걸어서 돌파하기 시작했다. 「콜시츠키」는 의심받을 것을 피하기 위해 소리 높여 터키어로 노래 부르면서 나아갔다. 그 소리를 귀담아 들은 터키군 장교가 텐트에서 나와 두 사람을 심문했는데, 대답에 흡족했는지 그대로 지나갈 것을 허락해 주었다. 이렇게 해서 이틀 후, 두 사람은 후방에 진을 치고 있는「로레느」공이 있는 곳에 겨우 다다를 수가 있었던 것이다.「로레느」 공은 지원을 약속해주었다.

「콜시츠키」는, 다시 터키 포위진을 무사히 돌파하고 「로레느」공의 약속을 「빈」시민에게 전했던 것이다. 대단히 고맙게 생각한 시 당국은 그에게 금화 2천장과 「빈」시민권, 시(市)에서의 영업 허가증, 게다가 대저택을 주었다. 이 집이 나중에 「빈」최고의 커피하우스가 되었던 것이다.

9월 12일 지원군이 도착하고 터키군은 패주했다. 포위가 풀리고 터키군 진지의 약탈이 시작되었다. 전리품 가운데는 이상한 향기를 내뿜는 콩이 든 커다란 포대가 500개나 있었는데, 약탈자들은 그것이 무엇인지 모르는 채 「도나우」강에 던져 버리려고 했다. 그러자 바로 그 때 옆을 지나가던 「콜시츠키」가 그것을 보고 「버리려면 나에게 주시오」라고 청했다. 이 후 얼마 지나지 않아「빈」에 최초의 커피하우스가 생기게 되었던 것이다.

1-4

역사는, 커피로 만들어진다 처음 이 새로운 음료는 그런 대로 인기가 있었다. 그러나 그 인기도 점점 줄어들었다. 「빈」의 사람들에게는 터키 식으로 끓인 진하고 쓴 커피가 입에 맞지 않았던 것이다. 그래서 「콜시츠키」는 여러 가지로 골똘히 궁리해 보았다. 그는 늘 찻잔 바닥에 가라앉은 앙금을 걸러 보았다. 그리고 걸러서 얻은 액체에 우유를 듬뿍 넣어 섞어 보았다. 다음에 그는 커피를 마시면서 먹을 것을 준비해 보았다. 그는 빵집에 간곡히 이야기를 하여 터키군 격퇴를 기념해서, 그 군 깃발 모양을 본떠서 초승달 모양의 빵을 굽게 해보았다. 이렇게 해서 그 유명한 「크로와상」빵이 — 그리고 유럽식 스타일의 아침식사가 — 생겨난 것이다.

커피를 마시는 풍습은, 17세기 중에 유럽전체로 널리 퍼졌고 서구 사회의 생활을 완전히 변화시키고 말았다.

커피가 프랑스에 들어 온지 100년 후에 프랑스혁명이 일어났다. 커피하우스는 이상적인 집회의 장이 되었고, 이곳에서 혁명계획이 다듬어지게 되었다. 지식인들은 와인이나 맥주를 마시고 머리를 멍하게 하는 대신에 맛있는 커피에 의해 의식을 뚜렷하게 할 수 있었다.

그래서 이른바 계몽사상을 추진한 진정한 영웅은, 실은 역사에 등장하는 잘 알려져 있는 사람이 아니라, 「후랑츠・게오르그・콜시츠키」이며, 「세이프、・앗・샤디리」이며 에티오피아의 산중턱에서 힘차게 뛰어 돌아다니고 있던 산양이었을지도 모를 것이다.

2장 「발렌타인 데이」의 주역 - 초콜릿

가슴 두근거리는 「발렌타인 데이」
당신은 주었는가? 받았는가?
달콤한 초콜릿은 사랑의 맛

2-1

초콜릿의 역사 1980년의 일이다, 스위스의 어떤 유명한 초콜릿 메이커의 종업원 두 명이 체포되었다. 작은 나라인 스위스가 최고기밀로서 반출이 금지된 초콜릿의 제법을 40종류나 중국과 소련에게 팔아넘기려 했기 때문이다. 스위스에서는 이런 행위는 군사기밀을 누설하는 것과 같은 정도의 심각한 문제로 생각되고 있다. 왜냐하면, 전쟁은 하지 않지만 그들은 이 세계 제일을 자랑하는 초콜릿을 수출함으로써 연간 7,500만 달러 이상의 외화를 벌어들이고 있기 때문이다.

그런데 초콜릿의 역사를 펼쳐보면 그 비열한 「배반행위」에는 선례가 있었던 것을 알 수 있다. 최초 초콜릿이 세계에 널리 알려지게 된 것은 스페인의 멕시코 정복자 「엘난・콜테스」가 1519년 멕시코의「아스테카」제국의 궁정으로부터 초콜릿 제조법을 자국으로 가지고 돌아왔기 때문이다. 「아스테카」제국의 황제인 「몬테스마」2세는 스위스만큼 감시가 엄격하지 않았던 것으로 「콜테스」를 환영할 때에는 「초코라톨」로 건배하고 그 제조과정의 견학을 허락했다. 「몬테스마」2세는 그 갈색의 쓴맛 나는 액체를 황금 컵으로 하루에 50잔이나 마셨으며 게다가「하렘」에 들어가기 전에도 큰 잔에 찰랑찰랑 넘칠 정도로 가득 부어 남김없이 다 마셨다고 한다. 그 「초코라톨」이 에너지와 힘의 원천이 될 뿐만 아니라 미약도 된다는 사실을 굳게 믿고 있었다.

그후 영양학자가 분석한 바에 의하면, 보통 사이즈의 밀크・초콜릿 한 잔안에는 탄수화물과 지방 외에 단백질, 비타민 B1, 리보플라빈, 칼슘, 철분이 꽤 함유되어 있다고 한다. 초콜릿이 에너지와 활력의 원천이 된다는 점에 있어서는「몬테스마」의 생각은 옳았다는 것이다.

나폴레옹도 또한 즉석의 활력원으로써 초콜릿을 애호했으며 전쟁터에는 반드시 지참했다고 전해지고 있다. 오늘날에는 초콜릿은 미국과 구소련의 우주비행에도 동반되었으며「더・에드만드・히라리」와 함께「에베레스트」정상에도 오른바 있다.

2-2

과학적인 실험 더욱이 기쁘게도 과학적인 실험 결과, 초콜릿이 여드름의 원인이 되거나 그것을 악화시키는 '나쁜 물질' 이 아니라는 것도 증명되었다. 게다가 뉴욕주의 「로체스타」에 있는 「이스트맨・덴탈・센터」의 연구에 의하면, 밀크초콜릿과 초콜릿칩쿠키에는 단백질, 칼슘, 인산염 및 그 외 미네랄이 많이 함유되어 있어 다른 스낵 과자만큼 치아의 에나멜층을 손상시키지 않는다는 결과도 나왔다.

이 쓰디 쓴 음료는 「콜테스」가 스페인에 가지고 돌아온 당시에는 그다지 환영받지 않았다. 그렇지만 여기에 설탕이 첨가되고 부터는 널리 많은 사람들에게 사랑받게 되었다. 스페인 사람은 그 재배기술과 제조법이 외부에 누설되는 것을 사력을 다해 막기는 했으나, 1606년 결국 이 독점권은 깨지게 되었다. 「피렌체」의 「안

토니아·칼로티」에 의해 초콜릿 제조법이 이탈리아에 전해지게 됐다. 그리고 일단 이탈리아에 소개되고 나서 점차 각국으로 퍼져갔다. — 무엇보다도 그 가격은 놀라울 정도로 비쌌지만 ….

이 음료에 처음으로 우유를 첨가한 사람은 영국인으로, 1763년까지는 초콜릿은, 영국의 일반대중 사이에서 굉장한 인기를 얻고 있었다. 그 때문에 맥주나 에일 제조회사는, 초콜릿의 제조를 규제하는 법률을 만들도록 당국에 요청할 정도였다. 미국에서 처음으로 초콜릿 공장이 지어진 것은 1765년의 일이었다.

2-3

제품이 되기까지 초콜릿의 마력을 이야기하려면, 우선 나무 이야기부터 시작하지 않으면 안 된다. 그 나무는, 「테오부로마(신의 음식) 카카오라고 하는, 실로 초콜릿에 걸맞은 이름이 붙여져 있으며, 아프리카 상아해안, 가나, 나이지리아, 브라질, 멕시코 등 남위 및 북위 20도 이내의 땅에서 잘 자란다. 방치해두면 족히 20m 가까이 자라지만, 대규모 농원에서는, 대체로 6m 정도가 되면 가지치기를 하고 있다. 1년 내내 꽃이 지지 않고, 많을 때는, 연간 통틀어 10십만 개 정도의 연노랑 색이나 연분홍 색의 꽃이 계속 핀다.

그러나 초콜릿 제조회사의 목표는 꽃이 아니라 「폿도」라 불리는 딱딱한 껍질에 둘러싸인 열매이다. 연 2회씩 수확이 가능하고, 40년간이나 열매가 계속 열리는 것도 있다. 익어가면서 녹색에서 노란색이 되고, 더 지나면 붉은 자주색으로 변화한다. 껍질 안에는, 아몬드형의 쓴맛 나는 카카오 콩이 20개에서 60개 들어 있다. 1파운드의 초콜릿을 만드는데 이 카카오 콩이 400개정도 필요하지만, 안타깝게도 한 그루의 나무에서 1년에 20개에서 30개의 폿도밖에 채집할 수 없다. 카카오 콩의 세계총생산량은, 연간 약 160만 톤이지만, 수요가 너무 많아서, 이만한 양이라도 금액으로 치면 30억 달러가 된다.

2-4

카카오 콩 꼿도에서 채집한 카카오 콩을, 먼저 발효시키고 이어서 건조시킨다. 이 건조된 카카오 콩이 각국의 초콜릿 제조회사에 출하된다. 제조회사에서는, 카카오 콩의 종류를 선별하고 각각 독자적인 배합으로 블랜드하여 특징이 있는 초콜릿으로 만들어 낸다. (블랜드 방법에 따라 미묘하게 풍미가 달라지는 것은 홍차나 커피의 경우와 같다.) 다음으로 콩에서 찌꺼기와 이물질을 제거하고, 불에 말려서 대충 부순다. 이것은「카카오니부」라 불리며 이 안에는 순식물성지방이 있는 코코아버터가 약 50%나 함유되어 있다. 이 카카오니부가 모든 초콜릿 및 코코아 제품의 근원이 되는 것이다.

「카카오니부」를 다시 갈아 으깨면 걸쭉해져서 반죽상태가 된다. 이 반죽을 그대로 틀에 쏟아 부어 굳히면, 요리용으로도 쓰이는「카카오마스」가 완성된다.「카카오마스」이외의 것의 경우는, 다음 단계에서 각 제조회사가 저마다 솜씨를 발휘한다. 설탕, 코코아버터, 그리고 밀크 초콜릿용에는 우유를, 독자적인 비율로 배합하는 것이다. 이렇게 완성된 혼합액을 다시 미립화하기 위해서,「리화이너」라고 하는 롤로 으깬 다음에「콘체」라 하는 기계에 옮겨서 몇 시간이나 — 때로는 며칠이나 — 걸쳐서 충분히 반죽한다.

다음으로 끝마무리의 공정에 들어간다. 조온(「텐퍼링」)이라고 하는 온도를 조절하는 것으로 다시 원재료인 초콜릿을 안정시키는 방법이다. 이것이 끝나면 바야흐로 예술적인 창조의 시간이 다가오는 것이다. 초콜릿 액이 따뜻할 때「너츠」나 과일 등을 담그거나 혹은 그것들의 위에 재빠르게 액체를 부어 초콜릿의「겉옷」을 입히거나 한다. 아니면 또 초콜릿 액을 여러가지 틀에 쏟아 부어 넣는다. 이 틀도「엠파이어・스테이트」빌딩의 미니어처에서「롤스로이스」까지 실로 다양하다. 오스트레일리아의「멜버른」에서는 높이가 3미터, 중량이 2,035 kg이나 되는「이스터에그」가 만들어 진 적도 있다. 크기로는 이것이 세계기록이다.

2-5

사랑의 맛 초콜릿을 좋아하는 사람 중에는 아무리 비싸도 개의치 않는다는 사람들도 있는 것 같다. 미국에서는 「고디바」라고 하는 고급 초콜릿이 러시아풍 디자인의 화려한 칠기상자에 넣어 1kg에 무려 770달러에 팔리고 있는 것이다.

그런가 하면 초콜릿에 일생을 바친 사람도 있다. 예를 들면 「밀턴 · 제르먼」 — 그는 뉴욕에서 초콜릿 향이 나는 잡지 「초콜릿 뉴스」를 출판하였으며, 초콜릿의 살아있는 사전으로 불리고 있다. 「제르먼」 에 의하면 스위스와 벨기에의 초콜릿이 최고라고 하지만, 나의 주머니 사정과 취향으로 말하면 맨해튼에 있는 「크론 · 쇼콜라티에社」의 것이 최고라 생각한다. 「톰·크론」은 수제 초콜릿을 만드는 것으로 유명한데, 신선한 딸기를 블랙 초콜릿으로 감싼 오리지널 제품이, 연간 500만개 이상이나 팔리고 있다고 한다. 또한 그는 주문을 받아 어떤 모양으로도 만들 수 있다는 상술로, 일약 이름을 떨친 사람이기도 하다. 그 가운데에는 실물크기로 게다가 진짜와 똑같은 여성의 다리가 있거나, 다 읽고나면 먹을수 있다라는 「그리팅 카드」가 있기도 하는데 일일이 그 수를 세면 끝이 없을 정도이다.

초콜릿과의 배합이라 하면, 훌륭한 조화를 이루는 것은 수많이 있지만 그 중에서도 한번 먹어 보면 잊을 수 없는 것이 초콜릿과 아몬드라고 하는 그 절묘한 배합이다. 「밀턴 · 스네이벌 · 허쉬」가 아몬드를 넣은 초콜릿의 대량생산을 시작한 것은 1894년의 일이다. 그렇다고 해도 「초코라톨」나무의 쓴 열매로부터 만들어진 초콜릿이, 왜 이 정도까지 온 세계 사람들에게 사랑받는 것일까?

「몬테스마」는 초콜릿의 영양가를 잘 알고 있었던 것 같다고 영양학자들은 말한다. 그러나 「몬테스마」는 그 이상의 것을 알고 있었을지도 모른다.

2-6

카사노바 뉴욕 주립정신의학연구소의 「도널드·크레인」과 「마이클·리보위츠」두 의사가 발표한 학설에 의하면, 「사랑을 하고 있는」 인간의 뇌에는 「페넬·에칠에민」이라는 물질이 상당수 존재하고 있다고 한다. 이 물질에는 중추신경을 자극하는 「안페타민」을 복용했을 때와 같이 기분을 고양시키는 효과가 있다. 그리고 초콜릿에도 또 이 「페넬・에칠에민」이 많이 함유되어 있는 것이다. 이것으로 여러모로 생각하면, 실연을 한 사람이 쉽게 초콜릿 애호가가 된다라는 것도 이제 수긍이 가는 것 같다. 요컨대 자신을 다시 사랑에 빠진 상태로 돌아가 기분을 고양시킨다라는 소위 자기치료법인 것이다.

그리고 사랑이라고 하면 곧 바로 떠오르는 사람이 역사상 그 유명한 「카사노바」와 「마담·듀바리」. 이 두 사람이 같이 초콜릿을 좋아했다라는 것도 그저 우연이라고 결론 지울 수 없는 기분도 들지만.... 이렇게 생각해 보면, 초콜릿 애호가가 적절하게 말하고 있는 것처럼, 초콜릿은 「신의 음식」일 뿐만 아니라 「사랑의 음식」이라고도 말할 수 있지 않을까?

제3장 세계 제일의 과자 장인

- 파리의 뮤슈 · 다테마츠 -

3-1

세계 제일의 과자 장인 설탕과 버터와 달걀이 그려내는 공간의 예술이다. 파라핀 종이 끝에서 짜내는 0.5mm정도의 순백의 선 …. 설탕과 달걀의 흰자위로 반죽이 잘된 「글래스 ·로열」의 몇 백개의 선이, 거대한 「데코레이션 · 케이크」를 섬세하게 장식해 간다. 약간의 호흡불균형에 손놀림이 빗나가면, 그 아름다운 곡선은 보기 흉하게 비뚤어지며 실처럼 선은 흐트러진다.

황금색으로 빛나는 고대 로마군의 투구가 있다. 일본 무사의 칼과 투구도 있다. 파리의 개선문도, 조선왕조의 항아리도, 「루이」 왕조시대의 보석함도 있다. 완벽하기까지 하는 사실성이 돋보인다. 「노트르담」성당의 세계적으로 유명한 「스테인 · 글라스」까지, 착색된 설탕의 엷은 판으로 만들어져 있는 것이다.

다테마츠 히로오미씨는 「문자 그대로 세계 제일의 과자 장인이다. 지금까지 프랑스는 물론 유럽 전체에서 60개나 되는 메달을 쟁취했다. 1968년에 개최된 프랑스 「생미쉘」과자협회대회에서는 「다테마츠」씨의 「오층탑」이 우승, 드골 대통령배를 획득했다.

이 「생미쉘」과자협회는, 프랑스에서 가장 오래된 과자 장인 협회로 창설은 1868년으로 거슬러 올라간다. 이 기회에 도전하여 세계 16개국에서 선발된 과자 장인의 600점의 작품을 가지고 온 가운데서, 「다테마츠」씨의 「오층탑」이 멋지게 메달을 차지한 것이다.

"글쎄요. 이제 더이상 전 세계를 목표로 하는 대회는 없습니다.

앞으로는 「베르사이유 궁전」의 몇 천 가닥으로 뿜어내는 「트리아논 분수」를 어떻게 작품으로 완성해 볼까 생각하는데요. 아내가 '진정한 과자 장인이라면 「트리아논 분수」를 만들어 봐요' 라고 하니까요 ....” 「다테마츠」씨는 웃었다.

3-2

소년의 지혜 「다테마츠」씨는 1939생이다. 「싸움하기와 역사공부 그리고 달콤한 것을 무척이나 좋아하는」소년이었다. 초등학교 4학년 때, 아버지를 따라 「잔 · 다르크」라는 영화를 봤다. 강렬한 인상이었다 .「오르레앙」소녀의 용기와 헌신. 그렇지만 소년에게 있어서 영웅이 여자라는 사실을 참을 수 없었다.

“그렇게 말하자 아버지가 「나폴레옹」의 이야기를 해 주었습니다. 그리고 나서 「나폴레옹」의 책을 닥치는 대로 탐독했습니다. 「자고로 남자는 실력 하나」로 사는 것이라고 어렸을 적 마음속으로 맹세했던 것입니다.”

아르바이트로 도쿄 「시바 · 다이몽」에 있는 「다이몽 · 세이요켄」을 선택한 것은 고등학교 2학년 때이다. 너무나도 좋아하는 과자를 먹을 수도 있고, 게다가 일해서 번 돈으로 역사서와 미술서적을 살 수 있다라는 「소년의 지혜」가 있었기 때문이었다.

그 무렵 「다이몽 · 세이요켄」의 사장이었던 「다카스 · 하치조오」씨(전 일본 양과자 공업회 이사장, 77세)는 「다테마츠」씨에 대해 이렇게 말한다.

“아무튼 열심히 하는 어린 점원이었지. 아침 4시 반에는 벌써 가게에 나와 있었지. 그리고 가게가 마쳐도 밤늦게까지 카스텔라 남은 것을 잘게 썰면서 공부했었어. 그 때 나는 가게에서 가끔씩 잠을 잤으니까, 얼굴이 하얗고 지독히 열심인 그 어린 점원을 분명히 기억하고 있고 말고 ....”

17살에 학업을 포기하고 과자 장인이 되기를 결심했다. 과자를 굽는 철판 닦이, 배달, 설거지, 차 끓이는 심부름 등 견습점원의 생활이 3년 반이나 계속되었다.

숙소의 넓은 방에서는 잘 때도 출구에서 가장 가까운 곳을 선택하여 잤다. 다른 사람을 깨우지 않고 아침 4시 반에 혼자서 공장에 나가기 위해서였다. 선배 장인의 기술을 이렇게 훔쳐본 것이다. 과자 장인의 세계에는 「고참 선배」와 「신참」(배우는 후배)이라는 옛날 도제제도의 분위기가 지금도 깊이 남아있었다. 고참의 기술은 배우는 것이 아니라 보고 훔치는 것이다.

「다테마츠」씨는, 어느 날 고참에게 심하게 혼이 났다. 「이 녀석, 이 장식에다 장난쳤지?」라고 하는 것이다. 분명히 전날 밤 모두가 돌아간 후, 고참이 만들다가만 생일 케이크 위에 짤 주머니 깍지를 사용하여 크림으로 장식해 넣었다. 자기 스스로는, 이미 만들어 놓은 다른 케이크와 조금도 다르지 않은 장식을 해 넣었다고 완전히 믿고 있었다. 도대체 어떻게 하여 들킨 것일까?

「다테마츠」씨는 왼손잡이다. 고참이 장난친 것이라 하여 부셔버린, 케이크 장식은 모두 왼쪽방향이었다.

「그런데, 솜씨는 좋구먼 ….」이라고 중얼거렸던 고참의 말 한마디는 「다테마츠」씨를 무척이나 기쁘게 했다. 이윽고 철판닦이에서 드디어 굽는 일로, 그리고 과자의 기본 밑바탕이 되는 카스테라, 파이, 쿠키를 굽는 역할로 승격된 것이다.

「자네, 이것을 구워 봐! 그런데 염려스러워 말해 두는데, 이건 궁내청에 납품하는 거야 …. 실수는 용납되지 않으니까 ….」

궁내청의 일은 고참 선배의 일이다. 기뻤다. 「다테마츠」씨는 빨간 매직잉크로 양쪽 손에 「주의」라고 썼다. 이 두 글자는, 어떻게 해서든지 고참 선배의 신뢰에 보답하고자 하는 「다테마츠」씨의 마음가짐이었던 것이다.

3-3

생각하는 장인 「다테마츠」씨는 굽는 일에서 마무리 장식을 하는 장인으로 순조롭게 나아갔다. 그리고 1963년도에 동일본 양과자대회를 맞이하였다. 이 대회에는 「세이요켄」에서 3명의 과자 장인이 참가할 예정이었지만, 사정이 생겨 3명 모두 참가할 수 없게 되었다. 이 대회는 초급부분이 경력 4년 미만, 중급이 4년 이상에서 8년까지, 고급이 8년 이상으로 3개의 그룹으로 나누어졌다.

"양과자의 전통 있는 점포인 「세이요켄」에서 아무도 출전하지 않는다는 것은 명예가 걸린 것입니다. 꼭 저를 참가하게 해 주십시오" 라고 「다테마츠」씨는 사장에게 자청했다. 대회는 사전제작 작품과 대회장 내에서의 제작 작품 2개로 심사된다. 사전제작 작품인 생일 케이크는 8시간 걸려서 만들었다. 잼으로 만든 진한 빨강색 장미꽃을 곁들였으며, 초콜릿으로 독일 글자를 그려 넣었다. 대회장내 제작 작품은 크리마스 케이크. 「다테마츠」씨는 자신 있게 하는 섬세한 선으로 덩굴나무 무늬를 장식했다. 갑작스레 중급부분에 참가했던 「다테마츠」였지만, 양 작품 모두 1등으로 흠잡을데 없는 완벽한 우승이었다. 새로운 과자 장인이 탄생된 것이다.

그의 사진 작품을 봐 주십시오. 아시는 바와 같이 「다테마츠」씨의 작품 특징은, 「글래스・로열」의 실처럼 가늘고 멋진 선이다. 0.5mm로 최대한 뽑아낸 선. 그것을 그저 아래쪽으로 내린 것만이 아니고, 같은 형태로 위쪽을 향해서도 아름다운 곡선을 그리고 있다. 어느 대회의 심사원이 이것을 보고, 「가느다란 철사에 설탕이 뿌려져 있다」고 의심했다고 하는데, 그만큼「다테마츠」씨의 선은 신의 기교에 가깝다.

자못 「생각하는 장인」 다운 「다테마츠」씨의 한 가지 일화를 소개하겠다. 정말이지 이제까지 위쪽을 향하여 곡선을 그린 선은 있었다. 그러나 이 경우 종이 위에 「글래스・로열」의 선을 그리

59고, 그것이 굳어지는 시점에 종이에서 벗겨내 위쪽으로 향하여 붙이는 것이다. 그에 따라 선의 단면은 반원 모양이 되는 것이다.

「다테마츠」씨는 아무리 해도 선의 굵기가 일정하게 되지 않는 이러한 것을 대신할 방법은 없을까 생각했다. "문득 생각난 것인데, 아래로 드리워서 U자 형의 글자모양으로는 간단히 할 수 있기 때문에 그렇게 해두고 굳히면, 그 상하를 뒤집어 붙이면 문제없지요. 예컨대 U자형의 글자를 거꾸로 해서 ∩로 한다면 단면이라도 동그란 원형이 되어 보기에도 아름답습니다."

듣고 보니 놀랄만한 일이 아닐 수 없다. 실로 「콜럼버스의 달걀」인 것이다. 여기에도 「다테마츠」씨의 장인기질이 살아있는 것이다. 앞으로 전 세계의 과자 장인이 「다테마츠의 방식」을 따라하기 시작한 것은 두말 할 필요가 없다. 그러나 유감스럽게 「다테마츠」씨와 같이 0.5mm로 가느다란 선을 항상 균등하게 20cm나 25cm의 U자 형으로 그려 낼 수 있는 장인은 한사람도 없다.

"「다테마츠」군의 열정과 재능이 양과자의 본고장 프랑스에서 훌륭하게 꽃 피워 결실을 맺은 듯한 느낌이에요. 「드골」의 잔을 획득한 그의「5층탑」은 파리의 요리박물관에 보관되어 있는데요, 양과자 역사의 한 페이지를 장식하는 작품을 일본인이 만들었다고 생각하면 감개무량하지요."

도쿄 「간다」에 있는 양과자점 「에스・와일」(S·Weil)의 「오오다니·나가요시」(샹미셀 양과자협회 명예회원)씨는 이렇게 말하고 있다.

3-4

양과자 유학생 「다테마츠」씨는 과자 장인으로의 길을 선택할 때부터 프랑스 유학을 결심하고 있었다. 과자 만들기에 사용되는 단어는 대부분이 프랑스어이다. 동료가 놀고 있을 때, 「아테네・프랑세」에 다니면서 프랑스어를 공부했다. 당시 식사가 나오는 기숙사에 살면서 600엔이었던 월급 중에 400엔은 저금했다.

이리하여 「다카스」씨와 「오오다니」씨의 연고로 1963년에 일본에서 처음으로 양과자 유학생으로 프랑스 땅을 밟은 것이다. 신원보증인은 파리의 레스토랑 「그로브 · 돌」의 주인으로 있는 「앙드레 · 크레만」씨였다. 「크레만」씨는 1956년 멜버른 올림픽 때 프랑스 대표선수단의 요리장으로 근무했던 사람이다. 레스토랑 「파리 · 로얄」, 파리에서도 양과자점의 창시자인 「그르모」, 나아가 최대한 힘을 다해, 「다테마츠」씨는 단계를 하나하나 착실하게 밟고 올라갔다. 어디에서든 일본인의 재능에 모두들 놀랐다. 웨딩케이크에 나이프를 넣으면 동시에「오르골」이 웨딩마치를 연주하고 비둘기가 뛰쳐나오는 「혁명적인」케이크를 만든 것도 이때쯤이다.

"유태인 부자로부터 「아들 결혼식에 정말로 누구나 놀라는 케이크를 만들어 주기를 바라요」라는 부탁을 받고, 여러 가지 생각을 해보았지요. 쉬는 날 나폴레옹이 잠들어있는 「앵발리드」에서 아무 생각 없이 비둘기를 보고 있었는데 그 때 이 아이디어가 떠올랐었지요."

케이크의 밑 부분을 우선 나무틀로 만들었다. 여기에 「오르골」과 살아있는 비둘기를 몰래 숨겨놓은 것이다. 그리고 신랑과 신부가 케이크에 나이프를 넣으면, 안에 붙어있는 실이 잘려서 밑 부분의 뚜껑이 탁 넘어져 「오르골」의 스위치가 켜져 비둘기가 뛰쳐나오는 내부장치인 것이다. 대성공이었다.

지금 「다테마츠」씨는 파리에서 「사쿠라」라는 일본요리점 두 곳을 경영하고 있다. 최초의 가게인 노트르담의 「사쿠라」는 1967년에 오픈했다. 객석 60개이었다, 그때 나이 27살. 종업원도 친척 중의 젊은이나 친구 중에서 동원되었다. 여기에도 행동파인 「다테마츠」씨다운 계산을 잘 활용했다. 종업원이 프랑스로 가는 교통편은 배를 이용했던 것이다.

당시는 도쿄 - 파리간의 항공운임은 24만엔이고, 수하물은

20kg까지 제한되어 있었다. 이것이 요코하마 - 마르세이유의 배편이라면 1인당 8만엔. 게다가 한명 당 150kg의 짐이 허용되었다. 즉 운임은 싼데다가 많은 짐을 무료로 옮길 수 있다는 계산이다. 식기류를 시작으로 된장, 간장, 가다랭이포, 두부를 만들기 위한 「찜통」 등이 마르세이유에 옮겨지게 되었다.

"「낫토」와 두부를 만드는 방법도 배워갔었는데, 「낫토」만은 세균의 문제인지 아닌지 실패하고 말았어요." 「다테마츠」라는 나폴레옹에게도 딱 하나의「불가능」이란 문자가 있었다고 할까 …. 그리고 6년 후 1973년 5월에 「오페라좌」에 자매점을 열게 되었다.

3-5

꿈은, 요리박물관 「다테마츠」씨는 지금 제3의 목표를 노리고 있다. 일본에 「요리박물관」을 짓는다 라는 장대한 꿈이다.

"일본의 장인들은 어쩌면 자기 스스로 틀 안에 박혀 있는 것 같아요. 거기서 한 발짝도 나오려고 하지 않아요. 그 탓에 사회적인 의식도 지위도 없지요. 나는 그것을 슬프게 생각합니다." 라고 「다테마츠」씨는 말했다. 그의 가슴에 달려 있는 프랑스 요리 아카데미 회원의 배지가 자랑스러워보였다.

제3의 꿈을 실행하기 위해, 「다테마츠」씨는 이미 15세기부터 현대까지의 「메뉴」5천장을 모아 놓고 있다. 그 중에는 나폴레옹 1세의 「메뉴」도 있다. 나폴레옹 1세의 주방장으로 과자와 요리의 신이라고 일컬어지는 「안톤 · 카렘」의 사인이 들어간 「요리사전」(전10권)도 입수하고 있다. 그외에도 1780년산의 샴페인 등 「와인 컬렉션」은 벌써 5천개나 넘는다.

"하지만 저는 역시 과자 장인입니다. 아내가 자주 말합니다만 초심을 잊어서는 안됩니다요. 몇 천 가닥이나 되는 「트리아논 분수」를 반드시 실현해 보이겠습니다."

파리에서 꽃꽂이를 가르치고 있는 「토모코」부인(34세)과 외아들인 「켄짱」(4세), 이 세 가족의 삶. 매년 한번은 꼭 일본으로 돌아와 본고장 프랑스의 기술을 젊은 사람들에게 전하면서, 일본의 맛을 프랑스에 가지고 돌아가는 것이다. 세계 제일의 솜씨를 가진 이 젊은 장식 장인을, 일본과 프랑스를 잇는 「데코레이션의 친선대사」라고 말할 수 있을지도 모른다.

색인 일본어 · 한국어

일본어

(き)

(く)

(こ)

(さ)

(し)

(て)

(と)

(な)

(ろ)

(を)

한국어

(ㄷ)

(ㄹ)

(ㅁ)

(ㅇ)

(ㅈ)